Frühling im Herzen, Band 1
Hrsg. Marie Rossi, Elbverlag

www.elbverlag.de

Bibliographische Information der Deutschen Nationalbibliothek:
Die Deutsche Nationalbibliothek verzeichnet diese Publikation
in der Deutschen Nationalbibliografie; detaillierte bibliografische
Daten sind im Internet über: http://www.d-nb.de abrufbar.

Originalausgabe März 2012

© Rechte für die Einzeltexte liegen bei den Autoren
© Die Rechte für die Werbefotos liegen bei Hotel Vierjahreszeiten
Nordseeinsel Norderney und Rheinhotel Vier Jahreszeiten Bad Breisig.
© Umschlag- und Buchrechte bei: Elbverlag Marie Rossi, Magdeburg

Nachdruck, auch auszugsweise, oder die Verwendung in anderen Medien
ist ohne eine ausdrückliche Genehmigung durch die Verlegerin
nicht gestattet.

Titelbild: © Falko Follert, Fotograf (Torgau)

Umschlag/Homepage: Ronny Wegler, Videographer
Buchlayout: Marie Rossi, Heinz-Georg Barth, Elbverlag

Buch- und Umschlagdruck: docupoint GmbH
Otto-von-Guericke-Allee 14
39179 Barleben

www.docupoint-md.de

ISBN: 978-3-941127-15-9

Frühling im Herzen

Band 1

eine Anthologie mit Geschichten, Haiku,
Elfchen, Akrosticha und Gedichten von
> 100 Autorinnen und Autoren
aus sieben Ländern

herausgegeben im Elbverlag Magdeburg
von Marie Rossi

www.elbverlag.de

Dieses Buch wurde im handlich leichten DIN A 5 Taschenbuchformat
erstellt für
viel Text auf wenigen Seiten

Vorwort

Frühling steht für das Entfalten und Gedeihen neuen Lebens. Die Tage werden milder, der Schnee schwindet, die Wiesen grünen und die ersten Blumen öffnen ihre zarten Knospen. Endlich zwitschern die Vögel wieder, überall entspringt neues Lebensgefühl. Die Menschen sind froh, dass der Winter vorübergeht. Sie lechzen nach Licht und genießen die ersten wärmenden Sonnenstrahlen. „Frühling hat was mit Liebe zu tun", weiß unsere Autorin Hanne Rejzek. Auch Shan Li aus dem Shaolin Tempel in China und Philipp Studer aus Zürich tragen ihren „Frühling im Herzen". Die junge Autorin Iris Klein möchte „Hinaus in den Frühling" zu den „Kirschblüten", die uns der Schriftsteller Willi Volka präsentiert. „Anna" von Walter Pietruk-Heep fühlt den Frühling auf beeindruckende Weise. „Im Grunde genommen" von Che Chidi ist Frühling „Ein neues Leben" schreibt Laila Mahfouz. Im „Frühlingserwachen" von Christiane Spiekermann und Uschi Hörtig-Votteler schwelgen wir und können längst erahnen „Was Knospen träumen". Manchmal lässt uns „Der Traum vom Fliegen" nicht mehr los. Beflügelt lesen wir das Gedicht „Bienchen und Blümchen" von Niko Sioulis. Autorin Sieglinde Seiler schwört auf den „Kuss des Frühlings", der uns Menschen „Krokosduft & Vogelgezwitscher" bringt und wir neue Kraft schöpfen. In „Schwarz auf Weiß" von Barbara Otte spüren wir, wie eng Licht und Schatten beieinander liegen. „Ein kurzer Frühling" von Horst Decker berührt uns tief. Lieber möchten wir dort sein „Wo der Frühling blüht" und wie unser Autor Ulrich Borchers schnell erkennen „Frühling heißt Anfang".
Genießen wir den Frühling von Herz zu Herz und freuen uns „Im Wald der frühen Liebe" auf die „Melody of spring" im „Frühlingsregenduft".

Unser Dank gilt allen Autoren sowie Prof. Dr. Wolfgang Heckmann von der Hochschule Magdeburg/Stendal für seine heiteren Worte auf der Anthologierückseite, dem Fotografen Falko Follert und Videographen Ronny Wegler, der diesmal für uns das Cover von seinem Einsatz für die Eurovision „Baku Crystal Hall" direkt aus Aserbaidschan anfertigte.

Marie Rossi, Elbverlag im Frühling 2012

Seite, Titel	Autorenname
10 Frühling, der dreiundachtzigste	Dr. Despina Muth-Seidel
11 Frühling im Herzen	Angelika Nauschütz
12 Frühling auf der Walz	Rose Marie Christianen
16 Kleines Frühlingsgedicht	Manuela Trapp
17 Kirschblüten	Willi Volka
18 Frühjahrsputz	Barbara Acksteiner
20 Frühling	Betti Fichtl
21 Im Grunde genommen	Che Chidi
22 Frühling heißt Anfang!	Ulrich Borchers
24 Noviomagus	Susanne Ahlers
25 Frühlingstanz	Nicole Kovanda
26 Frühlingserwachen	Uschi Hörtig-Votteler
27 „Vom Frühling"	Annalena Aicher
27 April	Elisabeth Podgornik
28 Zurück in den Frühling	Cathrin Kühl
30 beständige orte gemischter …	Manfred Pricha
31 Frühling im Herzen	Sonja Rabaza
33 Frühlingsdüfte …	Christine Praml
34 Über-Gabe	Elfie Nadolny
36 Frühlingsglück für ein Hasen…	Marie Rossi
37 Frühlingstraum	Edith Maria Bürger
38 Schwarz auf weiß	Barbara Otte
39 Die Hoffnung stirbt zuletzt	Wiltrud Mothes
39 Elfchen	Sonja Jeziorowski
40 …holt sich der April	Margret Laupert
42 Frühlingsregenduft	Anja Kubica
43 Hinaus in den Frühling	Iris Klein
44 Frühling im Herzen	Philipp Studer
44 Haiku	Marlies Blauth
45 Die schönsten Tiere	Britt Glaser
47 Kastanienbaum	Ingrid Herta Drewing
48 Lenz	Rudolf Fröhlich
50 Im Wald der frühen Liebe	Sigrid Gross
51 Der neue Gärtner	Philip J. Dingeldey

52	Frühling, sagt man, steigert …	Christian Klotz
52	Buntes Fest	Mirko Swatoch
53	Frühling hat was mit Liebe …	Hanne Rejzek
54	Ein neues Leben	Laila Mahfouz
56	Etwas regt sich	Regina Pönnighaus
56	Haiku	Betty Schmidt
57	Der Ball	Ingrid Dressel
57	Herzensfrühling	Nicole Hahn
58	Anna	Walter Pietruk-Heep
60	„Lenzzeit"	Lorenz-Peter Andresen
60	Haiku	Anne Manuela Köhnen
61	Ostern im Schnee	Hermann Bauer
61	Frühlings-Haiku	Franziska Kynast
62	Frühling heißt Leben – Leon …	Inge Escher
62	Elfchen	Tatjana Hinkebecker
63	Glückszauberblätter	Regina Berger
63	Die Apfelblüte	Cornelia A. J. Studer
65	Bäume im Nebel	Ursula Strätling
66	Im Frühling auf der Pirsch	Gundula Czappek
68	Vogelgezwitscher	Andreas Glanz
69	schneeschmelze	Gabriele Frings
70	Ein kurzer Frühling	Horst Decker
72	Frühlingselfchen	Barbara Theuer
73	Der Frühling naht	Rudolf Geiser
74	Der Duft einer verlorenen …	Dorothea Möller
75	Wieder Frühling	Julia Hinterleithner
76	Weiße Rosen	Karl-Heinz Ganser
78	Traum vom Fliegen	Magdalena Ecker
79	Vorfreude	Jana Engels
79	Frühling im Herzen	Shan Li
80	Fanfare des Frühlings	Antja Prenzer
82	Natur der Sache	Gabriel Schütz
83	Geliebter Frühling	Michelle Klemm
84	Das Abendlied der Amsel	Birge Laudi
86	Frühlingsgedicht	Angelika Pöhlmann

87	Kuss des Frühlings	Sieglinde Seiler
87	Barfuß in Nizza	Martina Lukits-Wally
89	frühlingserwachen	Nicole Schnetzke
90	Frühlingsqualen	Regina Schleheck
90	Wo der Frühling blüht	Liliana Kremsner
91	Der „zweite" Frühling	Stephanie Werner
92	Frau Winter will bleiben	Jochen Stüsser-Simpson
93	Krokosduft & Vogelgezwitscher	Anika Wieland
94	Frühlingsanfang	Helgard Pohlmann
94	Haiku	Christian Stielow
95	das kann der frühling sein	Michael Starcke
96	Primavera	Daniel Kai Grassl
96	Haiku	Steffi Friederichs
97	Akrostichon	Ramona Stolle
98	Der Kuckuck	Dörte Müller
100	Frühling im Herzen	Fabienne Schiller
100	Elfchen	Regina Brass
101	Zugvögel	Nils Hofmann
101	Danza	Yasemin Sezgin
102	Frühlingserwachen	Christiane Spiekermann
104	Frühlingsduft liegt in der Luft	Antje Steffen
105	Silbern	Thomas Stein
105	Bienchen und Blümchen	Niko Sioulis
106	Frühlingssonne	Elisabeth van Langen
106	Frühlingsdüfte	Angie Pfeiffer
108	Frühling im letzten Abteil	Silvana E. Schneider
109	Die Tulpe	Siegrun Bock
110	Frühling kommt	Thorsten Trelenberg
111	Frühlingswunder / Spring ...	Petro Trudie Lotz-Albrecht
111	Geteiltes Glück	Angelika Marx
112	Frühling wie kein anderer	Louisa Meyer
114	WAS KNOSPEN TRÄUMEN	Heidemarie Opfinger
114	Frühling im Herzen	Martina Bauer
115	Der März	Anke Kopietz
116	Frühling	Heike Odenhoven

117	Wiederbelebung	Hildegard Paulussen
118	Typisch Allgäuer Frühling	Peter Suska-Zerbes
120	Langsamer Walzer	Norbert Rheindorf
121	Aprilwetter	Oliver Meiser
122	Frühling	Marc Short
123	Frühlingserwachen	Katja Heimberg
123	Haiku	Evelyn Lenz
124	Abgeschrieben	Heinz-Georg Barth
128	Frühlingssonne	Margret Küllmar
128	Komm, lieber Frühling komm	Monika-M. Ehliah Windtner
129	Melody of spring	Pia Schussler-Gorny
129	Mitten im März	Kristine Tauch
130	Der Frühling	Pawel Markiewicz
131	aller Anfang	Tobias Grimbacher
131	Frühling im Herzen	Viola Kronas
132	Ein Hauch von Frühling	Sabine Schirmer
133	Im Licht	Gisela Klenner
134	Türkischer Frühling	Rosemarie C. Barth
136	Vor dem Winter kommt der …	Monika Hambuch
138	mein traum	Silvia Wendt
139	Frühlingsahnung	Dr. Hermann Knehr
139	Samenkorn	Inge Sydow-Ferenz
140	Frühlingserwachen	Jens Niemeyer
143	Frühling	Heinz Strehl
144	Im letzten Konzertweiß	Helga Bauer
144	Immergrün	Julia Fürst
145	GÜLDENFRÜHLING	Calista
146	Frühlingsschmelze	Margrit Cantieni Casutt
148	Loslassen	Carmen Judith
150	Frühling im Herzen	Marc Soechting
151	ohne Titel	Judith Trapp
152	Frühlingsträume	Anita Menger
152	Frühling	Alayna A. Groß
153	Wiederkehr	Käthe Wetzel
153	Haiku	Heike Gewi

Frühling, der dreiundachtzigste
Despina Muth-Seidel

Jeden Tag bin ich hier. Immer ab April, dem ersten. Sitz hier, schau' aufs Meer raus. Wasser fließt immer gleich, immer nach rechts, mal höher, mal tiefer. Ich zähl die Schiffe, die Boote, und die, die vorbeigehen. Wie oft die braune Bank knarrt, auch. Ein Bier nur jede Stunde, drei Stunden Zeit. Immer drei Blumen mit Menschennamen, Stiefmütterchen, in einer Vase, auf jedem Tisch eine. Ich komm um vierzehn Uhr, ich geh um siebzehn Uhr, muss zum Abendessen wieder da sein, Punkt halb sechs. Ich zähl die Knöpfe an den Jacken, die da hängen. Wenn Uniformen da waren, viele Knöpfe, über zehn. Die Bank wurde mal angestrichen, die Farbe falsch, da hatt ich große Sorge, dass ich nicht mehr da sitzen kann. Hab' ne Decke mitgenommen, braun, da war es gut. Ist ruhig nachmittags, nicht so viel Gewirr, hab Angst, wenn's laut ist. Zähl dann mehr und muss hin und her schaukeln. Weiß nicht, wo ich bin - wenn er mich herbringt, ist es warm und zwei Uhr und da, wo es immer ist. Riecht nach feuchtem Stoff, Rauch, Bier, Tür klappert viel. Die Gardine am Fenster hat vier Rot-Töne und dreihundertsiebenundsechzig Karos. Das heißt, ich glaub mehr, aber mehr kann ich nicht sehen. Ich steh nie von der Bank auf, bis er mich wieder abholt. Der mich abholt, den kenn ich nicht, aber es ist, glaub ich, immer derselbe. Komische Schuhe mit Bildern von Totenköpfen drauf. Helle Stimme, schnell, ungeduldig. Er sagt „Opa" zu mir, „Opa, ich hol dich um fünf wieder ab, mach keine Zicken!" Was Zicken sind, weiß ich nicht, aber fünf kenn ich. Da komm ich dann wieder ins Heim. Als ich so ne helle Stimme hatte, war ich viel, viel kleiner als jetzt. Da hatt ich auch schon viel gezählt, aber mehr Angst gehabt. Ich mag lieber Sachen als Leute mit Totenkopf-Schuhen. Sachen sind schön ruhig. Der, der Opa sagt, geht, wenn er aus der schlagenden Tür ist, zu seinem Auto. Das brummt laut und ist rot, hat Felgen mit glitzernden Streben, zwölf Stück an jedem der vier Reifen. Er holt mich ab und soll „spazieren", das sagt Hannes, der mir neue Einlagen holt. Aber das hier ist sitzen, nicht spazieren. Hier kann man aber auch zählen, was gut ist. Die mit den Glöckchen am Arm, acht Stück, bringt Bier, das zweite. Als der mit dem roten Auto um fünf nicht kam, letzten Monat, vierunddreißig Tage und neunundzwanzig Stunden her, hab ich gewackelt und war laut. Als er zehn nach fünf kam, war ich wieder still. Darum darf ich weiter auf der Bank sitzen. Das macht er jetzt nicht mehr, weil ich ab fünf laut zähl, bis er kommt, dann schreit der und schüttelt mich. Gleich ist es fünf, Abendessen gleich, zurück fahren, drei Treppen gehen, links herum, dritte Tür rechts, die Betten zählen, zwei, die Schränke, zwei, die Fliesen, fünfundzwanzig, schwarz-weiß. Und die Gitter, die sehe ich doch, auch wenn sie weiß sind und dünn. Ein Kissen, rot, wie ein Herzchen, auf dem Bett links, ist meins. Ich zähl immer weiter, und noch weiter, weil Zahlen alles sind, was ich noch weiß.

Angelika Nauschütz
Frühling im Herzen

Frühling schwingt in jeder Seele
Rührt sich wo die Blicke ruhn
Über Primeln Schlüsselblümchen
Himmelwärts zur Bergeskron
Lieblich klingen Vogelweisen
Im Geäst ein reges Tun
Nach des Winters tristen Zeiten
Golden strahlt der Horizont

Im Begehren Liebeslieder
Mit Gefühlen wunderbar

Himmlisch wallen alle Sinne
Einsam soll jetzt niemand sein
Riesig schweben Federwölkchen
Zwischen ultrablauem Dom
Einer endlos fließend Weite
Nachts im Sternentor verlorn.

Frühling auf der Walz
Rose Marie Christianen

Es regnete in Strömen, als mein Motorroller streikte. Wie angewurzelt hockte ich da. „Mistiges Aprilwetter! Was nun?", grollte ich. „Wäre ich bloß zuhause geblieben, hätte den Malereinkauf morgen erledigt." Ob ich vom Sitz hochsprang, oder nicht, würde egal sein. Ich verstand nichts von widerspenstigen Rollern. Mein Blick fiel auf die nassen Wiesen. Sieht so ein Frühlingstag aus? Wie weit liegt unser Gehöft? Der Regen nahm mir die Weitsicht.
„Kann ich Ihnen helfen?", hallte es plötzlich an mein Ohr.
„Helf..." Mir blieb das Wort im Hals stecken, als er dicht bei mir stand. Ein Typ in rabenschwarzer Cordkluft. „Kluft" heißt die Tracht der Handwerksgesellen. Er trug einen Schlapphut, ein kragenloses Hemd, eine Cordweste, Stiefel und pitschnasse Schlaghosen. Ein kesser Ohrring mit Wappen blinkte mir entgegen. Aus der Weste hing eine Zunftuhrkette, sah ich vernebelt aus den Augenwinkeln, doch wahrhaftig starrte ich das Mannsbild in Zunftrobe an. Nicht mal mehr den Regenguss merkte ich.
„Soll ich nachsehen?", fragte er, und wies mit seinem Wanderstab auf meinen Motorroller.
„Nachsehen? Wo?", hörte ich meine Stimme, sprang vom Sitz, knickte mit dem Fuß um und fiel in die offenen Arme des Kluftmannes. Er war einen Kopf größer als ich, lächelte auf mich herab. Seine Arme lagen um meinen Körper, ich erschrak, als ich merkte, wie ich die Pose genoss. Dann gab er mich frei und prüfte den Roller. „Kein Benzin im Tank. Ich schiebe Ihr Gefährt. Wohnen Sie weit von hier?" Schon schob er los. Ich konnte nichts sagen.
„Na, wie weit?", forschte er, während er flott voran kam.
Ich hatte Mühe Schritt zu halten, fand endlich Worte. „Einige Kilometer, zum Gehöft zirka vier."
„Schaffen wir mit links, junge Frau. Wie heißt der Ort?"
„Blickdorf. Mein Mann und ich haben das Gehöft voriges Jahr gekauft. Wir lieben die Natur."
„Ah, Blickdorf. Hab ich auf der Karte gesehen. Nicht weit von dort, in Blickbergen treffen wir uns morgen zum Aufklopfen."

Vermutlich habe ich ihn ungläubig angeschaut, denn er erläuterte: „Aufklopfen, der Gesellentreff, ist für Reisehandwerker alle zwei Wochen am Samstagabend. Zu Zeremoniebeginn klopft der Altgeselle mit dem Reglement dreimal auf den Tisch. Ich will dabei sein, schlage zum Schmalmachen ein."
„Schmalmachen?", horchte ich gespannt, „klingt wie …"
„Ist die Bitte für einen Reiseobolus, Wegzehrung, Labtrunk und ein freies Nachtquartier."
Ich sah den Rollerschiebenden Gesellen an, fand ihn beeindruckend und hätte ihm am liebsten Nachtquartier in meinem Haus angeboten. Doch mein Mann Christof war zur Kur gefahren, da schickt es sich nicht, obwohl ich Hilfe auf dem Gehöft brauchte. Den Wanderburschen umgab eine mystische Aura, etwas Besonderes, das mich faszinierte. War es ein Hauch von Abenteuer, der das übliche Leben langweilig erscheinen ließ? Sind Wandergesellen so glücklich, weil sie völlig frei und sorglos unterwegs sind? „Sie können bei mir Schmalmachen, wenn Sie mir Ihren Namen verraten." Sekundengleich erschrak ich über mein Angebot, spürte aber, dass ich es nicht zurücknehmen konnte.
„Alexander Groß." Er hielt inne, behielt einen Arm am Lenker, verneigte sich vor mir, wobei er mit der anderen Hand eine galante Geste vollzog. „28 Jahre, wohne im Harz, ziehe seit zwei Jahren durch die Lande."
„Alexander, der Große. Dachte ich's mir!" Ich hatte fast vergessen, dass ich das Walzmannsbild zum Quartier geladen hatte. Plaudernd übersahen wir den Frühlingsregen, unterhielten uns über seine „Tippelei", wie die Walz auch genannt wird.
Ich erfuhr, wer auf die Walz will, muss ledig, kinderlos und höchstens 30 Jahre alt sein. Die Wanderschaft dauert mindestens drei Jahre und einen Tag. In der Zeit darf der Geselle seine Heimat nicht aufsuchen. Was ein Wanderbursch zum Leben braucht, verdient er unterwegs bei ehrbarer Arbeit.
„Dass ich bei Ihnen Schmalmachen kann, ist super. In Hof und Haus werd ich mich nützlich machen." Er lächelte mich an, dass meine Knie schwach wurden und ich ihm taumelig erklärte, dass das Gehöft vor uns läge, ich sein Angebot gern annehme.
Er stellte den Roller in die Garage und folgte mir ins Haus.
„Ich lass für Sie eine heiße Wanne ein. Ihre Kluft hänge ich zum Trocknen auf. Recht so?"

„Ja, aber ein Bad brauch ich nicht. Geben Sie mir trockene Sachen und los geht's für mich." Dabei warf er die Kluft ab. Ich durfte halb erstarrt den muskulösen Männerkörper, wie es keinen zweiten geben kann, mustern. Meine nassen Sachen klebten am Leib fest, dass ich Lust verspürte sie abzulegen, so flott, wie es der Mann, der vor mir stand, getan hatte.
„Ist Ihnen nicht kühl? Nehmen Sie mal lieber ein heißes Bad, ehe Sie sich erkälten."
„Alexander, der Große" stand mir ein wenig verlegen gegenüber, als er mich fragte: „Falls Sie mir Ihren Namen sagen, und mir mein Arbeitsfeld zeigen, dann ..."
„Ich bin Mara. Ihre Wanne ist voll. Wenn Sie sich aufgewärmt haben, gibt's Eier mit Speck. Bitte hier lang ... das Arbeitszimmer braucht später eine neue Tapete", führte ich ihn ins Bad.
Er lief dicht an meiner Seite, ich spürte seine feuchte Haut, merkte wie ich errötete.
Während er sagte: „Mara, klingt gut", fragte ich mich, warum ich den Wanderburschen so toll finden konnte. So was gibt's manchmal. Ich musste raus, schnell raus aus meinem eigenen Bad fliehen!
„Mir geht's wohlig, Sie frieren. Haben eine Gänsehaut, das muss nicht sein. Krabbeln Sie ans andere Wannenteil. Die Badewanne reicht sogar für drei!"
Und sein Lächeln verzauberte mich so ... aber zu meinem Glück klingelte das Telefon. „Christof! Wie schön, dass du anrufst!" Mein Mann hatte viel Neues von der Kur zu erzählen. Wir scherzten, plauderten, juchzten ... und die Zeit verging.
Am späten Nachmittag erst traf ich wieder auf Alexander, der das Arbeitszimmer tapeziert hatte. „Sie sind wirklich ein Fleißiger", lobte ich, „ich hol uns Kaffee und Kirschtorte." Wieder verfing ich mich in seiner Aura, hing an seinen Lippen, die vom Abenteuer der Tippelei erzählten. Ich fühlte, schwach zu werden, als es an der Haustür schellte. „Einen Moment, bin gleich wieder da, Alexander ..."
„Grüß dich, Mara, da staunst du was? Deine Schwiegermama dachte, greifst der Mara mal in Haus und Hof ein bissel unter die Arme, jetzt wo der Christof ..."
„Mama! Wieso, warum ... was ist? Ich ... hab schon Hilfe im Haus."
„Ja, schauen wir mal, noch zwei Arme mehr ... he, umso besser wird's!"
Schwiegermama stolperte ins Haus, nahm Alexander und mich unter ihre Fittiche.

Am nächsten Nachmittag waren Haus und Hof so neu, als würde Christof nicht fehlen.

„Es ist soweit, ich muss zum Aufklopfen", teilte Alexander uns mit.

Mir verschlug es die Sprache, wie die Zeit verflogen war. „Kommst du wieder? Ich brauche noch Hilfe im Garten", flehte ich ihn an.

„Mädel, dafür bin ich doch da", platzte Schwiegermama dazwischen.

Er! Ich wollte ihn! Ich war so verrückt nach ihm, dass ich versuchte, ihm sein „Aufklopfen" auszureden, um ihn nicht vermissen zu müssen.

Doch Alexander erklärte sein Fortgehen mit Traditionsbewusstsein und Zunfttreue, rühmte sich mit einer der letzten Freiheiten in der modernen Zeit, die er voll auslebte.

Das war's! Er zog die Cordkluft an, strich sie genüsslich glatt, nahm den „Charlottenburger", sein Quadrattuch, in das jeder Wanderbursche sein weiniges Hab und Gut wickelt, schnürte es zum Bündel, stellte sich wie eine Statue vor mir auf und lächelte unternehmungslustig. „Es wird Zeit, Mara. Der Altgeselle erwartet seine Schar Zimmermänner und da gibt's kein Fehlen, da werden neue Ziele gesteckt."

Wie sein Aufklopfen verlaufen war, habe ich nie erfahren. Ich hatte einige Kilometer auf meinem Roller zurückgelegt, um ihn wiederzufinden. Er blieb wie vom Erdboden verschluckt. Doch von den beiden Tagen mit dem Walzgesellen Alexander wird mir Zeit meines Lebens der Hauch einer geheimnisvollen Zeit bleiben.

Mein Mann Christof kehrte von der Kur zurück, und wir beide lebten und arbeiteten leidenschaftlich wie immer für unser Gehöft. So, als gäbe es gar keine Wandergesellen auf der Tippelei.

Manuela Trapp
Kleines Frühlingsgedicht

Noch ist die Kälte nicht vergangen,
Schnee und Eis regieren die Welt.
Endlich aber, nach langem Bangen,
der Lenz bald wieder Einzug hält.

Es riecht nach frischer Luft,
gewürzt mit Sonnenstrahlen
und zartem Wiesenduft,
auch den Frühlingsblumen allen.

Ein lauer Windhauch ist's erst nur!
Doch Hoffnung bringt er neu.
In sich trägt er des Frühlings Spur,
der Winter ist endlich vorbei.

Da werden wieder Lieder klingen,
die man im Winter nie gekannt.
Vögel und auch Menschen singen.
Sonnenschein durchzieht das Land.

Willi Volka
Kirschblüten

Blüten

überfüllig weiß

im Insektentaumel

gegen Verordnungen

die Lese halten

nach Kirschen zweiter

erster und der Extraklasse

nach Prallheit

Fehler Farbe Frische

ahnen nichts

im Blütenweiß

in umsummter Unschuld

in ihren Kirschenträumen

unter Vollmondleuchten

unter Sonnenglanz

ahnen nichts

im Wachsen und im Reifen

im Zeitenspiel

von fruchtig roter Ungleichheit ... .

Frühjahrsputz
Barbara Acksteiner

Endlich Frühling! Letzte dreckig-graue Schneereste, Kies- und Splitsteinchen liegen zwar noch auf den Gehwegen und Fahrbahnen, aber es wird nicht mehr lange dauern, dann werden diese schmuddeligen Winterüberreste zu guter Letzt – wie jedes Jahr – der Vergangenheit angehören.
Sehnsuchtsvoll blicke ich jeden Tag zum Himmel und freue mich wie eine kleine Schneekönigin, wenn sich die Sonne immer öfter und länger blicken lässt. Ich bin froh darüber, dass unsere heimischen Vögel so nach und nach aus ihrem Winterquartier zurückkehren und bei uns im Garten wieder ihren Einzug halten. Mit ihrem fröhlichen Gezwitscher und ihren wunderschönen Gesängen wecken sie mich nun des Morgens und begrüßen gleichzeitig auf diese Weise den Frühling. Gutgelaunt, voller Energie springe ich aus den Federn. Zeitgleich macht sich eine Frühjahrsmüdigkeit in mir breit. Gegen diese kämpfe ich zwar Tag für Tag an, doch ich ärgere mich jedes Mal, wenn die Faulheit letztendlich gesiegt hat. Diese Trägheit ist es, die mich sauer macht!
Wenn ich mich zu Beginn des Frühlings nackig im Spiegel betrachte, stelle ich zu meinem blanken Entsetzen fest, dass ich viel zu viel wärmenden Winterspeck auf den Hüften habe. Und nicht nur da! Die Jeans, welche ich so gerne trage, kneift und zwickt überall und bei meiner Lieblingsfrühjahrsbluse spannen die Knöpfe, über dem Busen. Das will was heißen! Selbst die Waden sind unförmig geworden und mein Gesicht gleicht einem Puffer. Es sieht kugelrund und wohlgenährt aus. Ich schrei vor Wut und ertappe mich dabei, dass ich mir bei diesem drallen Anblick wünsche, ich wäre Schnee ... Dann würde ich mich für ein paar Stunden in die Sonne stellen und schon wären die Kilos weggeschmolzen. Mein Spiegelbild zeigt mir hinterher wieder einen straffen Po, meine Taille ist da, mein Gesicht sieht nicht mehr aus wie das eines Vollmondes, meine Waden sind Waden und sehen nicht mehr aus wie Gurken aus dem Fass. Aber so einfach geht das Wegschmelzen des Winterspecks nicht.
Stattdessen muss ich meine leckeren Süßigkeiten, die köstlichen Sahnetorten und die wohlschmeckenden Cappuccinos von meinem Genießer-

plan rigoros streichen. Allein der Gedanke daran verursacht mir, meinem Magen und Gaumen großes Missfallen. Aber was sein muss, muss sein! Schließlich soll der alljährliche Frühjahrsputz nicht nur in den eigenen vier Wänden stattfinden, es ist auch eine unaufschiebbare Frühjahrsputz-Generalüberholung an meinem dickwanstigen Köper erforderlich. Nur, was kann ich tun, damit das Fettvernichtungsprogramm richtig greift und die angefutterten Pfunde tatsächlich purzeln? Grübeln ist angesagt. Ich hab's!

Schon am nächsten Morgen setze ich mein Vorhaben in die Tat um. Nachdem mich die Vögelchen mit ihrem lieblichen Frühlingsgezwitscher geweckt haben, stehe ich auf. Zum Frühstück gönne ich mir ungesüßten Tee und esse dazu eine Scheibe Vollkornbrot, bestrichen mit etwas Butter und wenig Marmelade. Schmeckt sogar.

Anschließend, wenn ich den Haushalt auf Vordermann gebracht habe, begebe ich mich in den Garten. Hier erwartet mich eine Menge Arbeit, ich habe alle Hände voll zu tun. Alles was winterfest gemacht wurde, muss wieder entfernt werden. Da sind die vielen Büsche, Sträucher und Blümchen, die einen Frühjahrsputz brauchen. Schließlich soll sich im Lenz alles von der besten Seite präsentieren. Die Gartenarbeit macht Spaß. Jeden Tag entdecke ich neue, kleine, grüne Triebe, erste blühende Blümchen und ich spüre, dass meinem Körper die Bewegung gut tut.

Inzwischen ist einige Zeit vergangen. Die dunkle Jahreszeit ist vorbei. Die Sonne hat an Kraft zugekommen, die Tage werden länger und der Frühling ist vollends und mit all seiner Schönheit da! Tagtäglich grünt und blüht es schöner im Garten. Die Menschen strahlen mit der Sonne um die Wette. Die Vögel suchen eifrig nach Nistmaterial. Mensch und Tier empfinden das Leben doppelt lebenswert. Allen gefällt der Frühling, auch mir.

Meine aktiven Gartentätigkeiten sind nicht erfolglos geblieben. Nachdem ich erneut Nackedei gespielt habe, kann ich zu meiner großen Freude berichten, dass ich wieder eine Taille habe. Alles andere soll mein Geheimnis bleiben. Nur soviel, die Frühjahrsjeans und meine Lieblingsbluse passen, mein Gesicht ist kein Puffer mehr. Inzwischen kann ich mich sogar bücken, ohne Angst zu haben, vornüber zu kippen. Ich kann außerdem den Rasen mähen, ohne dass ich bei jeder Rasenmäher-Kehrtwendung eine Verschnaufpause einlegen muss. Die alte Holzleiter kann ich wieder benutzen, ohne dass die Sprossen knacken. Da ist noch etwas: Gut, dass ich doch kein Schnee bin! Dann wäre ich unwieder-

bringlich weg und hätte das alles gar nicht erzählen können. So freue ich mich auf die Frühlingszeit, mit allem was dazugehört! Auf Sonne, Regen, Wind, Vogelgezwitscher, sprießendes Grün, blühende Blümchen, freundliche Menschen und auf meinen alljährlichen wiederkehrenden ...
Frühjahrsputz!

Betti Fichtl
Frühling

Himmelsmusiken
klingen
über die
Sonnenbrücken
in die
Blütengärten
des Frühlings.

Eine Komposition
der Düfte
durchzieht
die Lüfte.

Sie tauen
Gesichter
beleben
Gefühle.
In der
blauen Gezeit.

Che Chidi
Im Grunde genommen

Es gräbt im Garten ein Gärtner
Und dann, nach langem Graben,
Gräbt er im Grunde genommen aus
Seinem Sein und seinem Haben
Seine ewige Sehnsucht heraus.

Je mehr er gräbt, desto mehr findet er
Und immer tiefer wächst seine Sehnsucht –
Je mehr er schöpft, desto mehr verschwindet er
Im Grunde genommen in seiner Sehnsucht
Nach seinem Sein und seinem Haben.

Es begräbt sich im Garten ein Gärtner
Und so, nach langem Begraben,
Begräbt er im Grunde genommen in
Seinem Sein und seinem Haben
Seine ewige Sehnsucht.

Dann stieg er aus und ließ die Erde wieder hinein,
Gab Wasser und kümmerte sich nicht mehr groß darum –
Übergab alles der Natur, dem großen Gärtnerlein;
Die pflegte ihn, in ihrer Art, unermüdend, stumm,
Einen Baum gewurzelt in der unendlichen Sehnsucht –
Jetzt braucht er nur kommen und nehmen die Frucht:

Sein Haben und sein Sein
Und die unsterbliche Sehnsucht nach den Zwein.

Frühling heißt Anfang!
Ulrich Borchers

Nach dem harten Winter sehnt sich Pia nach dem abgelegenen See mit dem alten, zugewachsenen Steg. Ihr Ort. Es riecht nach Frühling. Auf dem schmalen Pfad hinunter zum See, entdeckt sie den Eindringling. Sonst ist hier nie jemand. Sie beobachtet ihn ungestört durch das frische Grün. Diese strubbeligen Haare und das verwaschene Kapuzenshirt. Malte aus der Parallelklasse. Irgendwie süß, aber zurzeit geparkt bei dieser arroganten Lena. Mit eingezogenen Schultern sitzt er dort, baumelt mit den Beinen und hat den Blick auf eine Stelle des Sees gerichtet, an der wohl nur er etwas Besonderes sieht. Neben ihm liegt ein Kuvert beschwert mit einem Stein. Wie altmodisch, ein Brief. Wer schreibt denn heute noch Briefe?
Soll sie gehen? Lautlos verschwinden und ihm den Steg überlassen?
Nein! Früher hatte sie mit ihrem Vater hier gesessen und nun ist er fort und hat ihn ihr vererbt. Ihr Entschluss steht fest und so tritt Pia auf die äußerste rechte Bohle und das vertraute Knarren hallt über den See. Sie erwartet, dass er sich erschreckt, aber sein Kopf dreht sich nur langsam, wie abwesend zu ihr. „Was machst du denn hier?", und weil das so empört gesagt wird und von Beiden fast gleichzeitig, müssen sie unbeabsichtigt fast lächeln. Sie setzt sich demonstrativ neben ihn: „Ich will ein wenig Zeit auf meinem Steg verbringen!"
„Deinem Steg? Na gut, von mir aus. Hauptsache du bist nachher weg!"
Dieses „nachher" lässt Pia ihm durchgehen. So sitzen sie nebeneinander, sagen nichts, schauen gemeinsam auf den See. Nach der Zeit, die man braucht um sich ohne Worte vertrauter zu werden, unterbricht Malte die Ruhe: „Und, was suchst du hier?"
Pia fragt sich, ob dies die schlaue Frage ist, die es sein könnte, oder nur ein Zufallstreffer. Aber da sie schon lange genug zusammen sitzen antwortet sie schließlich aufrichtig: „Meinen Vater!"
Jetzt schaut er sie zum ersten Mal ein wenig länger an. Komisch, denkt sie, als ob er verweinte Augen hat. „Ist er etwa ...?", fragt Malte.
„Nein, er hat meine Mutter letztes Jahr verlassen und ich vermisse ihn."
„War wohl nichts, mit ‚bis dass der Tod euch scheidet', was?"
„Nett, du Schlauberger", entgegnet Pia sauer.

Malte wirkt zerknirscht und zupft an seinen Schnürbändern. Pia hat keine Lust, auf eine Entschuldigung zu warten. Vielleicht gar nicht schlecht, es mal jemandem zu erzählen. „Es fällt mir schwer, aber meine Eltern passen nicht zusammen. Er nur Bauch, sie nur Kopf. Eine Zeitlang hat sich das wohl ergänzt, aber jedem fehlte beim anderen etwas. Und dann war die Liebe plötzlich aufgebraucht."
„Und deine Mutter?", will Malte wissen.
„Nicht mehr zu lieben bekommt sie hin, aber nicht mehr geliebt zu werden, das fällt ihr schwer."
Malte betrachtet sie. Ihre grünen Augen haben die Farbe des Seeufers. Hübsch! Komisch, war ihm bisher nie aufgefallen.
„Und du suchst nun deinen Vater hier?"
„Das war unser Platz. Kinder und Eltern lassen sich nicht voneinander scheiden", antwortet Pia und lächelt ein wenig gequält. „Und du?"
„Lena hat mit mir Schluss gemacht!" Das kam so schnell und prompt, als wolle er sich keiner Gefühlsregung verdächtig machen. Auch wenn sie diese Lena für absolut daneben hält, war Malte verliebt in sie. Oder ist es sogar immer noch. Nicht mehr geliebt zu werden! Todtraurig war ihre Mutter darüber. Pia schielt zu dem Brief. Diese Lena hat viel zuwenig Stil oder Verstand, einen Abschiedsbrief hinzubekommen. Der Wind geht über den See und sie fröstelt. Pia schaut Malte an und weiß, dass sie auf keinen Fall vor ihm diesen Steg verlassen wird. „Was jetzt?", fragt sie sich.
„Ich wäre für immer mit ihr zusammengeblieben. Niemand wird sie je so lieben wie ich."
Wenn sie nicht wüsste, wie ernst es ihm ist, müsste sie jetzt ein wenig lächeln. Für immer! Ganz schön langer Zeitraum, vor allem in ihrem Alter. „Weißt du, ich will dir nicht weh tun, aber irgendwie kann ich mir dich gar nicht für immer mit Lena vorstellen. Ihr seid völlig unterschiedlich."
„So wie es deine Eltern sind?", sagt Malte ein wenig schroffer, als er es eigentlich beabsichtigt.
Sie sieht ihm das nach. Wenn man traurig oder verzweifelt ist, reagiert man nicht immer nett.
Pia schaut ihm tief in die Augen. „Weißt du, als sich mein Vater von meiner Mutter trennte, war ich auch so verzweifelt. Mein Vater saß mit mir hier und hat über das Leben gesprochen. Das Auf und Ab. Und ich

wäre gerade in meinem Frühling. Das Leben würde noch so viel Schönes für mich bereithalten."
Malte sieht sie nachdenklich an. So hatte er mit Lena nie geredet. Noch vor zwei Stunden hatte er überlegt, ob ... Die Sonne bricht durch die Wolken und der Wind nimmt gleich die Wärme an. Diese leichte Ahnung des Sommers, die schöne Frühlingstage so an sich haben. Bunte Farben. Das Leben startet durch.
„Sollen wir aufbrechen?", fragt Pia.
Malte lächelt, steht auf und Pia begleitet ihn über den Steg. „Moment!", ruft er und läuft zurück. Sie sieht, wie er den Brief aufhebt und ihn zerreißt.
„Heute ist ein toller Tag!", denkt Pia.

Susanne Ahlers
Noviomagus

Niemals verliebtere Pärchen
Oder küssenderes Liebesverlangen
Vertrackte SMS, Tweets aus siebentem Himmel
Indizienketten für Eifersucht
Orkan an Begehren
Minikleidchen auf Caféterrassen
Augenaufschlag, schwarz, mascaraschwer
Grislibärentatzen auf lockig langem Haar
Ultraschallgeflüster
Streetsurfing, Graffittiherzen, Bono's beautiful day

Nicole Kovanda
Frühlingstanz

Ich schlage meine Schwingen auf,
die Sonne scheint so herrlich drauf,
und meine Fühler in der Luft,
schmecken schon den süßen Duft,
von Tulpen, Krokus und auch Nelken,
von neuen Blumen, die nicht welken,
selbst das Summen kündigt an,
die Zeit des Frierens ist getan,
und ich, ich folge diesen Klängen,
lass mich von den Düften drängen,
tänzle über Blütenköpfe,
deren Saft ich gierig schöpfe,
lass mich kitzeln von den Strahlen,
die den blauen Himmel malen,
dann erspäh ich in der Ferne,
viele kleine Flattersterne,
gelb, orange, auch rot und blau,
himmlisch, diese Farbenschau,
vorbei der Frost, vorbei die Nacht,
mit der Wärme neu erwacht,
und ich geselle mich hinzu,
flieg und tanze ohne Ruh',
kann den milden Wind nun spüren,
er wird uns in den Sommer führen.

Uschi Hörtig-Votteler
Frühlingserwachen

Der Frühling kommt mit eil'gen Schritten
Lockt viele Blumen aus dem Winterschlaf.
Der Flieder zeigt die schönsten Blüten.
Sie duften, dass es uns den Atem nimmt.

Geheimnisvolles Knistern macht uns aufmerksam.
Wer raschelt da durchs Unterholz?
Ist's eine Haselmaus, die aufgewacht die Sonne sucht?
Genauer schau ich nochmal hin.

Die Ohren hören lautes Vogelschreien,
Eine Amsel schimpft, böse ist das Protestgeschrei.
Das Nest, sie hat es schon verlassen,
Das wird des Rätsels Lösung sein!

Nestflüchter sind die Jungen.
Beschützt von frischem Grün im Gartenbeet,
Warten sie sehnsuchtsvoll auf Mutters Rückkehr,
Denn fliegen können sie noch nicht!

Die Hungerschnäbel weit geöffnet
Erwarten sie die Lieferung des Würmerschmauses.
Beste Aufbaukost für Schwanz und Federn.
Doch Nachbars Katze lauert auch auf Leckerbissen!

Erwachsen werden, nie mehr warten,
Nahrung und auch Freunde suchen ganz allein!
Oh Ungeduld, sie macht so sorglos.
Doch heute hat der Familienschutz gesiegt!

Annalena Aicher
"Vom Frühling"

Die Sonne blinzelt,
haucht sanften Morgengruß
ins Zimmer,

und eine kühle Windesbrise trägt
helles Vogelzwitschern
durchs off'ne Fenster,

im Garten recken neugierige Krokusse
ihre Köpfe
aus dem Buschwindröschenmeer,

während durch saftig- grüne Blätter,
der erste Ruf
des Kuckucks hallt
Im frisch getünchten,
farbenfroh' Gewand
lacht uns der Lenz entgegen.

Elisabeth Podgornik
April

himmlische Unschuld
Regentropfen fallen noch
aus allen Wolken

Zurück in den Frühling
Cathrin Kühl

Wenn man jung ist, sieht man das Leben noch vor sich, wie eine endlos lange Reise. Man blickt zu Erwachsenen auf, und fragt sich, was sie so ernst und ängstlich gemacht hat.
Kein Kind der Welt wird es jemals verstehen, bevor es nicht selbst erwachsen wird.
Auch ich verstand es nicht. Ich fragte mich, wieso meine Mutter besorgt war, dass ich mir eine Erkältung einfangen könnte, nur weil ich ohne Schal und Handschuhe im Winter aus dem Haus ging. Was war schlimm, wenn meine Haare auf dem Schulweg nass wurden? In der Schule konnten sie schließlich wieder trocknen. Und wieso brauchte ich Sonnencreme? Die Sonne war so weit weg, die konnte mir gar nichts anhaben.
Als ich heranwuchs und die Pubertät kam, kostete mich die Hitze meiner Jugend einige Verbrennungen. Die erste Liebe, die erste Trennung, schlechte Noten, Herumhängen mit meinen Freunden. Nur wenige Jugendliche begreifen den Ernst des Lebens, wenn ihre Hormone überhandnehmen. Das war normal. Doch die nörgelnden Eltern dazu ... Das war ätzend!
Ich wollte gerne wieder ein Kind sein. Eltern, die nur meckern, wenn man die Wände mit Wandfarben bemalt. Hausarrest dafür, dass man der Hauskatze den Rücken rasiert hatte. Keinen Nachtisch, weil man weit nach Sonnenuntergang nach Hause gekommen war. Doch nun als Jugendliche, bekam ich Hausarrest für nichts! Ich schrie meine Eltern ab und zu an, knallte mit den Türen oder schlich mich nachts aus dem Haus. Ich lernte nie für Tests oder Klausuren und in den Ferien gammelte ich rum.
Bis Ende Zwanzig versteht jeder, wenn man keine feste Bindungen eingeht. Wer kauft sich so jung schon ein Haus? Wer heiratet, bevor er dreißig ist? Wieso sollte man sich als junge Erwachsene fest an irgendetwas oder irgendjemanden binden? Das Leben liegt noch vor einem! Will man es sich etwa verbauen, noch bevor es richtig begonnen hat?
Man feiert sein Leben, genießt die Unabhängigkeit von den Eltern, die gleichzeitig das Auffangnetz sind, falls man auf eigenen Beinen doch mal fällt. Außerdem kann man Kredite aufnehmen, wenn man volljährig ist, man macht eine Ausbildung, egal welche, schließlich braucht man

nur das Geld. Wünschte ich mich eben noch in meine Kindheit, so nehme ich das zurück!

Als es auf die Mitte Dreißig zulief, war es nicht mehr verständlich, dass ich Schulden meiner Partyphase abarbeitete. Überall sprossen Paarabende und Hochzeiten wie Pilze aus dem blätterbedeckten Boden. Babypartys wurden gefeiert. Mit meinen Freunden konnte ich nicht länger herumhängen. Sie wurden selbst ernst und ängstlich. Auch ich. Mein Denken veränderte sich. War es zuvor noch lustig, ständig an wilden Disconächten teilzunehmen, stand mir nun der Sinn nach einem guten Buch oder dem Gang ins Kino. Ich war einer dieser Erwachsenen geworden, zu denen ich als Kind fragend aufgeblickt hatte. Wie war das passiert?

Mit Mitte Dreißig war es nicht mehr cool, pleitezugehen und die Eltern um ein Darlehen zu bitten. Es war nicht mehr schön, bei Freunden auf der Couch zu schlafen, weil man die Nacht durchgefeiert hatte, und mit einer Fahne und einem Kater zur Arbeit zu gehen. Und es war alles andere als wunderbar in einem Job gefangen zu sein, den man hasste, auch wenn man ausreichend Geld verdiente.

Ich wollte wieder Kind sein. Keine Geldsorgen! Keine ernsten Freunde, die heirateten und Kinder bekamen. Keine Fragen von Verwandten, warum man immer noch Single ist. Alles wäre so schön einfach.

Nachdem auch ich meinen Mann gefunden und Kinder bekommen hatte, verstand ich, warum Erwachsene so ernst und ängstlich waren. Sie waren schlicht und ergreifend keine Kinder mehr. Sie machten sich Sorgen um ihre Ehe, ihre Familie, ausreichend Geld, ihr Haus, ihren Job, einfach um alles!

Nun bin ich seit ein paar Jahren Rentnerin. Meine Kinder sind erwachsen. Mein Mann und ich waren viele Jahre verheiratet, bevor er verstarb. Bald werde ich zum dritten Mal Oma. Meine Eltern sind schon lange tot. Ich habe noch eine Freundin aus meiner Jugendzeit, die anderen sind ebenfalls verstorben. Und ich glaube, der Tod mit seinen eisigen Fingern, greift auch bald nach mir.

Ich sehne mich in die Zeit zurück, in der ich ein Kind war. Dort hatte ich noch all meine Freunde und meine Familie. Ich hatte keine Sorgen über verstopfte Arterien, Altersdiabetes oder Bewegungsschmerzen.

Und wie ich hier so sitze und über mein Leben nachdenke, fällt mir eines auf. Selbst in meinem Alter wünsche ich mich nicht in meinen jugendlichen Sommer zurück. Auch den Herbst meines Lebens, Mitte Dreißig, will ich nicht wiederhaben. Selbst damals wollte ich immer zurück in meine Kindheit. Dort wo alles anfing. Wo es immer anfängt, für jeden Menschen. In den Frühling, wenn man noch nicht weiß, was das Leben bringen wird.

Manfred Pricha
beständige orte gemischter gefühle

der frühling hat sich verspätet
undurchsichtig gewordener schalk
jahreszeitenlos verwirrt er
die einwohner nehmen es gelassen

vor sich oder hinter sich
liegen die durchmarschtage
die auf veränderung spekulieren
sie bleiben nah dran an koordinaten

etwas aufgeheitert am sahararegen
bedeckt vom grauen alltagsschlaf
kommt nichts vergessenes zum vorschein
der eintritt ist schon beglichen

die standortbesichtigung ausstehend
wird immer noch verschoben
unterkühlt ausgeblickt zur chronik
trifft der zeitpunkt daneben

der frühling hat sich verspätet
das wächst sich gelegentlich aus
rutscht in ein geglättetes gleiten
wenn der himmel aufreißt

Frühling im Herzen
Sonja Rabaza

„Mama, sind wir bald da?", hörte Fatima ihren 4-jährigen Sohn fragen. Sie war nur kurz in einen unruhigen Schlaf gefallen. Das monotone Geräusch des Außenbordmotors dieser kleinen Patera, auf der sie sich mit 40 anderen Passagieren befand, hatte sie eingelullt und erschöpft wie sie war, konnte sie für einen Moment ihre Augen nicht mehr offen halten. Sie legte ihren Arm um Hassan, zog ihn näher zu sich heran und flüsterte ihm ins Ohr: „Bald mein Sohn, versuche, weiter zu schlafen."
Müde kuschelte er sich in ihren Arm und sie teilte ihren Mantel um die nächtliche Kälte ein wenig von ihm abzuhalten.
Es war still auf dem Holzboot, das eigentlich nur für acht bis zehn Personen bestimmt und somit weit überladen war. Männer, Frauen mit ihren Kindern lagen eng beieinander und niemand wagte sich zu bewegen, da die Außenwände der Patera gefährlich tief die Wasseroberfläche erreichten. Sie kamen zum Teil aus Algerien und Marokko oder wie sie selbst aus der Westsahara und waren verzweifelt genug für viel Geld, das sie an eine Schleuserbande zahlten, die Flucht aus Afrika zu wagen.
Eine ungeheure Anspannung war zu spüren, Angst, vielleicht nicht das rettende Ufer an der anderen Seite von Gibraltar zu erreichen. Dahin, wo sie sich alle eine neue Zukunft erhofften.
Fatima versuchte durch den Nebel zu blicken, der die Landschaft gespenstisch erscheinen ließ. Die kleine Bootslaterne reichte nicht aus, irgendetwas erkennen zu lassen, der Bootsführer konnte sich wohl nur nach dem Kompass richten. Sie spürte die feuchte Kälte, die ihren Körper klamm und steif werden ließ.
Es war Mitte April und das herrliche Frühlingswetter der vergangenen Tage hatte die Schleuser heute zur Überfahrt veranlasst. Es ging plötzlich alles ganz schnell.
Über die Straße von Gibraltar wollten sie Motril – eine kleine Hafenstadt in Andalusien - erreichen. Die Küsten waren alle streng bewacht. Aufgegriffene Flüchtlinge wurden meist sofort wieder zurückbefördert, nach dem Schengen-Abkommen war das möglich. Alle hier hofften, nicht von der Guardia Civil aufgespürt zu werden.
Sie dachte an Mohamed, daran, dass er vor vier Monaten versucht hatte, nach Europa zu gelangen, dort eine Arbeit zu finden und ein Heim für

seine Familie zu schaffen. Dann sollten Fatima und Hassan nachkommen. Bei dem Versuch, mit einer Gruppe von Flüchtlingen an die Küste von Europa zu kommen, war er ertrunken. Um die Kontrolle einer Küstenwache zu umgehen, sahen sich die Schleuser damals gezwungen auf den Atlantik auszuweichen; wollten auf einer der Kanarischen Inseln anlegen. Der Wellengang im Pazifik war jedoch hoch, da die Patera zu viel an menschlicher Fracht geladen hatte, war das Boot in den Wellen versunken. Alle 55 Personen waren dabei ums Leben gekommen
Fatima war anfangs sehr verzweifelt gewesen und wusste nicht, wie sie ihr Leben ohne ihren Mann gestalten sollte. Doch immer mehr reifte in ihr der Entschluss, nach Spanien zu gelangen. Sie hatte erfahren, dass Mütter mit Kindern nicht ausgewiesen wurden ... sie wollte die Flucht versuchen. Nur so sah sie eine Chance zu überleben, ihrer schrecklichen Armut zu entkommen.
Sie dachte an ihre Eltern, die zurückbleiben mussten. All ihre Ersparnisse hatten sie ihr gegeben, als sie schweren Herzens feststellen mussten, dass sich ihre Tochter, obwohl sie im sechsten Monat schwanger und erst kürzlich Witwe geworden war, nicht von ihrem Fluchtplan abbringen lassen wollte. So wurde ihr und ihrem Sohn die Überfahrt möglich gemacht
Sie wusste nicht, wie lange sie schon durch die gespenstische Nacht gefahren waren; jedes Zeitgefühl war ihr verloren gegangen. Sie wagte sich nicht zu bewegen, aus Angst, das Boot könnte kippen. Ihr kamen plötzlich Zweifel, ob es richtig war, sich und ihre Kinder so einer Gefahr auszusetzen. Sie wollte doch nur, dass ihnen ein besseres Leben ermöglicht wurde. Tränen liefen ihr die Wangen hinab, so viel hatte sich in ihr aufgestaut. Sie musste stark sein, ihrer Kinder wegen.
Grelle Lichtscheinwerfer umhüllten plötzlich das Boot und aus dem Lautsprecher eines Polizeibootes, das wie aus dem Nichts aufgetaucht war, wurden sie aufgefordert dem Schiff in den naheliegenden Hafen von Algeciras zu folgen. Sie waren entdeckt worden. Die Flüchtlinge waren vor Unterkühlung und Erschöpfung kaum in der Lage, das kleine Boot alleine zu verlassen. Zitternd folgten sie den Sanitätern, manche auf Tragbahren. Fatima versuchte die helfenden Hände, die sich ihr entgegen streckten zu erreichen. Sie griff ins Leere. Ihr wurde plötzlich schwarz vor Augen.
Sie erwachte in einem Bett einer provisorischen Krankenstation. Die Schwester – eine Afrikanerin – reichte ihr lächelnd einen Becher köstli-

chen Trinkwassers. „Du hast es geschafft!", sagte sie leise ... "Ihr habt es geschafft!", mit Blick auf Fatimas Sohn und ihren Leib. „Viele müssen wieder zurück. Sie werden es sicher irgendwann wieder versuchen - Ihr könnt bleiben. Ihr werdet hier Hilfe bekommen!"
Fatima schloss, von ihren Gefühlen überwältigt, für einen Augenblick ihre Augen, schaute in das Gesicht ihres kleinen Sohnes. Wie ein warmer Frühlingsregen, der ihr Herz wie eine Welle erfüllte, fühlte sie tiefes Glück und Dankbarkeit in sich aufsteigen. Sie waren angekommen, der Neuanfang konnte beginnen.

Christine Praml
Frühlingsdüfte ...

Regentropfen fallen kräftig,
herunter aus des Himmels Grau,
in den See, es plätschert mächtig
und der Wind ist kalt und rau.

Selbst die Vögel sitzen lautlos
unterm Dach, und schweigen still.
Sonne sag mir, wo bist du bloß?
Wärme ich nun haben will.

Oh, seht an, ich kann's erkennen,
durch ein kleines Wolkenloch,
erste Sonnenstrahlen brennen,
glaub der Frühling kommt nun doch.

Und dort fliegt ein Vogel wieder,
zwitschernd durch die klaren Lüfte.
Singt die altbekannten Lieder,
und ich riech die Frühlingsdüfte.

Über-Gabe
Elfie Nadolny

Angie hatte sich mit einem Mann angefreundet, der sehr viel für seine geliebte Stadt getan hatte. Er hatte Ideen, brachte viel Kultur in die Stadt, holte berühmte Künstler von überall her, motivierte Menschen und hatte großes Gespür für alle.
Vieles, was das Stadtbild prägte, schöne geistreiche Ideen wurden in die Tat umgesetzt. Es war fast selbstverständlich, dass er alles managte, ihm gelang sehr viel. Er konnte sich in die Mentalität der Menschen dieser Stadt hineindenken. Er war ein Kind des Volkes und seine Liebe zu den Menschen wurde bemerkt. Der Mann war eine Institution.
Doch eines Tages wurde er krank. Erst schwächelte er leicht, aber das nahm ihm seinen Optimismus nicht. Die Krankheit holte ihn immer mehr ein, aber er wollte den Wettlauf gewinnen. Und er behielt lange Zeit die Oberhand. Doch sein Zustand verschlechterte sich. Monate lag er im Krankenhaus, konnte sich nicht mehr bewegen, aber sehr tief denken. So lud er Menschen, die ihn besuchten, immer wieder ein, zu ihm zu kommen und fühlte sich in sie ein. Die Zeit, in der er die Menschen begleitet hatte, war wunderschön. Viele Menschen kamen sehr gerne und bekamen immer etwas von ihm, das sie innerlich wärmte. Seine Gäste freundeten sich miteinander an. Es wurden tiefe Gespräche geführt und auch manchmal viel gelacht.
An sein Krankenbett kamen Leute aus dem Volk und Prominente, teilweise von weit her. Wenn er merkte, dass ein Freund traurig war, tröstete er ihn. Seine erste Frage war immer: „Wie geht es dir?"
Er plante vom Krankenbett aus noch vieles, was von Bedeutung war.
Aber wieder war ein Kampf angesagt, die Krankheit sollte ihn nicht ganz einholen, er wollte bei den Menschen bleiben, am Geschehen teilnehmen.
Eines Tages trat dennoch ein, was er und seine Freunde nicht wahrhaben wollten: Er verschied.
Er, der Menschen zusammengeführt hatte, war nicht mehr da. Die Zeitungen schrieben über ihn, es gab Würdigungen über Würdigungen. Die Stadt war voller Trauer und mit Respekt erfüllt.

Eine Lücke war entstanden. Sein Lachen fehlte, seine Wärme, seine Güte.

Aus!
Ende!
Winter!
Tod!

Der Winter seines Lebens war eingekehrt, die Freunde froren.
Doch der weiche weiße Mantel, mit dem der Winter ihn zugedeckt hatte, wärmte ihn und brachte ihm Ruhe. Von dort, wo er war, sprach er zu seinen Freunden: „Lasst mich gehen, ihr werdet mich wieder sehen."
Der Winter nahm seinen Bruder Frühling an die Hand und sagte ihm: „Ich übergebe das, was der Sommer und der Herbst geschaffen haben, in deine Hände. Ich bin für das Loslassen zuständig, die Ruhe und den Frieden, du jedoch für den Neubeginn."

Neu
Beginn
Frühlings
Erwachen

Der Frühling erwachte – ganz sachte.
Sanft entfalteten sich Blüten in den schönsten und zartesten Farben.

Bald erkannten die Menschen, dass dieser große Mann überall seine Spuren hinterlassen hatte. Auf Schritt und Tritt spüren sie seinen Geist. Neubeginn ist eingeläutet.

Warm spüren die Menschen die Lichtstrahlen in ihren Herzen und führen dankbar dieses Werk, das er begonnen hatte, weiter.

Frühlingsglück für ein Hasenmädchen
Marie Rossi

Weit draußen auf den sonnigwarmen Osterwiesen lebte einmal ein kuschelweiches kleines Hasenmädchen mit einem großen Herzen. Es hieß Frederike und war ein fleißiges Osterhasenmädel. Frederike half ihrer Hasenmutti beim Osterbraten zubereiten. Sie band mit einem rosaroten Seidentuch ihre langen Hasenohren hoch und begann für alle, die sie gerne mochte, pikante Ostergerichte und köstliche Eiersoßen zu kochen. Sie brutzelte und dünstete solange, bis der Herd glühte, unter der Bratenlast schwer ächzte und zusammenbrach.
„Was sollen wir tun? Wir haben noch soviel zu braten und zu kochen", jammerte die Hasenmutter Maribell, „wie sollen wir alles fertig haben bis zu den Osterfeiertagen?"
„Sei nicht traurig, gute Mama", erwiderte Frederike, „ich werde schon jemanden Liebes finden, der uns helfen kann!"
Blitzschnell nahm sie ihre allerleckersten Hasenrezepte, steckte sie in die schneeweiße Kochschürze und hoppelte davon über Wiesen und Felder, über Stock und Stein, bis ihr feines Hasennäschen ein aromatisches Bukett witterte. Der Hauch von rosmarinduftiger Soße und gelber Safransuppe fächelte durch die Frühlingsluft.
„Das riecht wie bei Mama Maribell – hier muss ich richtig sein!", jubelte das Hasenmädchen und hoppelte fröhlich weiter bis nach Osterburg. Sie hangelte sich an einem Fenster hoch und sah, dass ein Hasenjunge eifrig einen Kochlöffel schwang. Das muss ein fleißiger Bursche sein, dachte Frederike und klopfte an das österlich geschmückte Fenster. Der Hasenjunge drehte sich zu ihr um, ließ seinen Holzlöffel fallen und hüpfte neugierig zum Fenster. Kaum hatte er es geöffnet, war Frederike in die Küche gehopst und an den Herd gerückt. Sie lächelte glücklich, als Joringel, der drollige Hasenbub ihr erlaubte, die deftigen Osterspeisen und Eiersoßen bei ihm kochen zu dürfen. Joringel half kräftig mit. Nach einigen Stunden hatten sie's geschafft. Dann packten sie Schüsseln, Pfannen und Töpfe auf einen Bollerwagen und zogen ihn zur Hasenmama Maribell.
Doch unterwegs zwischen Wiesen und Wäldern, über Stock und Stein hatten sich die beiden Osterhäschen ineinander verliebt und waren von nun an unzertrennlich. Ja, und jedes neue Osterfest bereiten sie nun gemeinsam mit Hasenmama Maribell vor.

Edith Maria Bürger
Frühlingstraum

Verträumt ich aus dem Fenster schau,
der Himmel heut in hellem Blau,
die Luft erfüllt von leisem Schwirren,
die ersten Bienen sich verirren.
Im Apfelbaum, dem kahlen,
erwachen von den Sonnenstrahlen,
die jungen zarten Knospen
und recken sich empor,
kleine Blumenelfen summen hell,
im Hintergrund als Chor.
Es öffnet sich ein Meer von Blüten,
in wundersamer Farbenpracht,
nun gilt es jetzt sie zu behüten,
mit meinen Händen zart und sacht.

Von diesem leisen Singen
und diesem süßen Duft,
erfüllt sich zaghaft nun
die milde Frühlingsluft.
Versonnen ich am Fenster stehe,
noch lange, lange Zeit,
den kleinen Apfelbaum dort sehe,
er leuchtet weit und breit.

So wie er vorm Hause stand,
im herrlich blühenden Gewand,
ja dieser, unser Apfelbaum-
er ist im nächsten Jahr-
leider nur ein Frühlingstraum.

Schwarz auf weiß
Barbara Otte

Die gnadenlose Kälte des Winters war vergangen und zärtlich streichelten die ersten warmen Sonnenstrahlen das Gefieder des schüchternen schwarzen Schwans Leon. Der erwachende Frühling ließ sein Herz für ein wunderschönes weißes Schwanenmädchen namens Lana höher schlagen. In aller Verborgenheit beobachtete er sie. Ob sie ihre Runden über den See schwamm, oder ihr weißes Kleid putzte, sie fand seine heimliche Bewunderung.
Wie könnte er nur ihr Herz mit seinem schwarzen Gefieder erobern? Galt er doch in den Augen seiner Artgenossen als hässlicher Außenseiter.
Lana hingegen war eine strahlend weiße Schönheit.
Ein Tag wurde ihm so lang wie tausend, bis er sich ein Herz fasste, und seiner Angebeteten den Hof machte. Der unglücklich Verliebte wusste nicht, dass Lana tief in ihrem Herzen einen dunklen Fleck besaß.
„Es ist aussichtslos", sagte sie zu Leon, „finde dich damit ab."
Der schwarze Schwan legte traurig den Schnabel auf seinem Rücken ab.
„Viel zu schön bin ich für dich", fuhr sie hochnäsig fort. Eingebildet warf sie einen Blick in den Spiegel des Sees, und schwamm an ihrem Verehrer vorbei.
Wortlos und zutiefst verletzt sah Leon auf das Schilf, hinter dem Lana mit eleganten Schwimmzügen verschwand. Verstohlen glitt er ihr hinterher.
Der späte Abend tauchte langsam den See in dunkles Licht und schwarze Schatten legten sich über das weiße Gefieder der Schwanendame.
Schwarz auf weiß, sah Leon seine Lana auf einmal in einem gänzlich anderen Licht.
Die Dinge sind, wie man sie gerade sieht, dachte er. Ohne Licht kein Schatten, ohne schwarz kein weiß.
Erfreut bemerkte Leon den weißen Fleck in seinem Herzen, und freute sich auf den kommenden Frühlingstag.

Wiltrud Mothes
Die Hoffnung stirbt zuletzt

Der Himmel, ganz plötzlich hat er seine Farbe verloren.
Die Sehnsucht, sie starb und mit ihr die Hoffnung,
weil deine Träume flügellahm geworden sind.
In Erstarrung hast du verharrt,
bis ein heller Sonnenstrahl
sich in deine selbst gewählte Finsternis verirrte,
und dich in wohlige Wärme hüllte.
Deine Augen, erblicken das zarte Blau des Himmels.
Blühende Rapsfelder, in denen sich die Sonne zu spiegeln scheint.
Aus deiner Lethargie erwacht,
beginnen sich die Flügel deiner Träume neu zu entfalten
und du tauchst ein in die Schönheit der erwachenden Natur.
Es ist eine Offenbarung.
Neue Hoffnung erwacht mit dem Frühling.

Sonja Jeziorowski
Elfchen

Frühling
Aufregende Emotionen
Zueinander hingezogen fühlen
Wecken meine Sehnsucht danach
Liebe

...holt sich der April
Margret Laupert

Lisa und ihr bester Freund Alex hüpften vor Übermut und Glück, der Langeweile zu Hause entflohen zu sein. Wochenenden konnten so richtig ereignislos sein, obwohl es einer der ersten sonnigen, wenn auch noch recht kalten, Frühlingstage war. Lisas Mama räkelte sich auf dem Sofa, eingekuschelt in eine flauschige Decke und las ein Buch über Geschichten von Menschen, die am Meer wohnten, denn sie liebte das Meer und träumte davon, irgendwann einmal in einem Haus mit Blick auf das Meer zu wohnen. Papa bastelte an einer alten Wanduhr herum, die er vor längerer Zeit auf einem Flohmarkt gekauft hatte und die er unbedingt wieder zum Ticken bringen wollte, obgleich er etwas seltsam aussah, so mit einem Lupenglas im rechten Auge eingeklemmt. Selbst Herr Strullemann, der sonst so lebhafte Yorkshire Terrier, döste auf seiner Lieblingsdecke wohlig vor sich hin und machte nicht die geringsten Anstalten, dieses vorerst zu unterbrechen.
„Lass uns zum See gehen und gucken, wie hoch das Wasser steht", prustete Alex heraus und zog Lisa mit sich. Auf ihrem Weg stürmten sie an einer alten Frau vorbei. Nach ein paar Metern blieben beide, wie abgesprochen, wie angewurzelt stehen. Irgendetwas stimmte nicht. Sie drehten sich gleichzeitig um. Es war kalt und die Frau war auf Socken unterwegs. Unter ihrem schäbigen und viel zu dünnen Mantel trug sie ein Nachthemd. Ihre Haare klebten wirr und klamm an ihrem Kopf. Mit dem rechten Arm stützte sie sich auf einen Gehstock. Sie schien die Kinder nicht zu bemerken, denn sie lief auf sie zu, den Blick starr nach vorne gerichtet. Sie murmelte unverständliche Worte vor sich hin, während sie leicht wankend weiterschlurfte. „Entschuldigen Sie", sprach Alex sie an, „geht es Ihnen nicht gut?".
„Was der Herbst nicht will, holt sich der April", antwortete sie, ohne den Blick vom See zu lassen, oder stehen zu bleiben. Sie zitterte fast unmerklich am ganzen Körper, ihre Lippen waren blau. Lisa und Alex liefen langsam hinter der alten Dame her. Am Seeufer angekommen, blieb sie keineswegs stehen, sondern wankte geradewegs in den See hinein. „Halt, halt", riefen Alex und Lisa aufgeregt und hielten die Frau an ihrem Mantel fest, die schon fast im eiskalten Wasser stand. Dadurch fiel sie beinahe hintenüber, aber die Beiden verhinderten den Sturz. „Was machen Sie

da?", rief Lisa erregt und hielt den Ärmel fest. Durch den Faststurz schien die betagte Dame aus ihrer Schockstarre aufzuwachen. „Wer bist Du?", fragte sie und sah Lisa durchdringend an.
„Ich heiße Lisa und Sie laufen geradewegs in einen See hinein", antwortete sie.
„Ja, das will ich doch auch", kam stockend als Antwort.
„Warum wollen Sie das?", mischte sich Alex ein.
Die alte Dame sah jetzt zu Alex herüber. „Was der Herbst nicht will, holt sich der April", antwortete sie.
„Ach bitte", sagte Alex, „kommen Sie mit zu der Bank da vorn und setzen Sie sich hin."
„Wozu?"
„Damit Sie sich ausruhen können."
„Ich ruhe mich schon seit Jahren aus und weiß nicht einmal wovon", antwortete sie langsam.
„Wie heißen Sie?", fragte Alex behutsam.
„Friedlinde", und nach einer kleinen Pause fügte sie hinzu, „schöner Name nicht wahr?"
„Ja, wirklich ein schöner Name und so ..., so ..., so ...", stotterte Lisa.
„Altmodisch, meinst Du", unterbrach die Frau Lisa.
„Für die heutige Zeit klingt er wahrlich altmodisch, in meiner Jugend war das anders. Genannt wurde ich Linde, aber so hat mich schon lange keiner mehr genannt. Alle fort. Mein lieber Mann nannte mich sogar Lindchen. Als er im Herbst vor fünfzehn Jahren starb, starb auch mein Kosename. Im letzten Herbst starb mein geliebter Sohn. Das Herz, haben sie mir gesagt, dabei hatte er ein so großes. Er war ein guter Junge."
Alex zog seine Jacke aus und legte sie Linde über die Schultern. „Aber warum wollen Sie dann jetzt im April sterben?", fragte Lisa.
„Mein Mann sagte immer: Was der Herbst nicht will, holt sich der April, er war der Arzt in unserem Dorf, müsst Ihr wissen", führte Linde aus. „Aber mich holen sie nicht, die vielen vergangenen Herbste und Frühlinge. Ich bin vergessen worden, von der Welt, vom Leben und vom Tod."
Lisa und Alex verstanden nicht wirklich, was Linde damit sagen wollte.
Die Gesichter von Lisas Eltern kann man sich sicher vorstellen, als die drei unvermittelt vor der Haustür gestanden haben. Die greise Linda, ein Anblick reinsten Elends und Lisa und Alex, die aufgeregt durcheinander redeten, um die bizarre Situation zu verdeutlichen.

Lisas Mutter, pragmatisch wie immer, hatte Linde kurzerhand auf das Sofa gesetzt, in die flauschige Decke eingemummelt und ihr Tee eingeflößt. Nachdem Linde von innen und außen aufgewärmt war, ging Mutter mit ihr ins Bad, wusch und frisierte sie, zog ihr warme Sachen an. Nach dem Abendessen wurde Linde im Gästezimmer ins Bett gesteckt, wo sie mit einem Lächeln auf den wieder rosigen Lippen, vor dankbarer Erschöpfung unmittelbar einschlief. „Das war ein schrecklich, schöner Tag heute", flüsterte sie noch.

Frühlingsregenduft
Anja Kubica

Verschlafen öffnete Sakura ihre Augen. Die ganze Nacht hatte es geschüttet wie aus Eimern. Trotzdem fühlte sie sich ausgeruht und frisch wie nie, als hätte der Regen all ihre Probleme hinfort gespült.
Sakuras erster Blick galt jedoch nicht ihrem Freund, der noch immer neben ihr schlummerte, sondern der Welt außerhalb ihrer Wohnung. Der Welt, in der die ersten Sonnenstrahlen die Tulpen kitzelten; in der an den Kirschbäumen die ersten Blüten sich gen Himmel reckten.
In diesem Augenblick, in dem das Leben ihr freundlich zuwinkte, kam ihr ein Haiku in den Sinn:

Frühlingsregenduft
An den Ästen der Bäume
Sprießt neues Leben

Iris Klein
Hinaus in den Frühling

Ahh! Ein Sonnenstrahl,
das Licht so fahl.
Durch des Vorhangs Loch,
ein Lichtstrahl kroch.
Vom Sonnenstrahl aufgeweckt,
mich unter die Decke versteckt.
Neugierig mit einem Auge,
ich mir einen Blick erlaube.
Nun erfreut will ich sehen,
wie ich kann nach draußen gehen.
Angezogen, Vorhang auf,
ich schnellen Schrittes hinunter lauf.
Jetzt ganz leis, wie ne Maus,
Lauf ich aus dem Haus hinaus.
Weiches Moos, Blumenvielfalt,
wie aus dem Buche gemalt.
Weiche Formen, grünes Blätterdach,
Irgendwo plätschert ein Bach.
Mein Herz, das schlägt im Frühlingstakt,
die Sorgen ganz schnell weggepackt.
Frühling, mein Herz erblüht,
weil sich der Frühling so richtig bemüht.
Mit Liebe gestaltet er die Welt,
sodass sie mir besonders gefällt.

Frühling im Herzen
Philipp Studer

Es war Winter. Erik, der Wikinger, saß im Hafen fest. Sein Schiff konnte nicht weiter fahren. Eisschollen versperrten den Weg. Dunkle kalte Wolken waren am Himmel. Er fror. Er studierte die Landkarte und überlegte sich, in welche Richtung er im Frühling fahren sollte. Er hatte Lust, einen neuen Weg einzuschlagen. Und neue Länder zu entdecken. Er war ungeduldig. Wenn es doch schon Frühling wäre! Vielleicht würde er ja unterwegs eine Lady kennen lernen ... Erik war müde. Die Kälte und die Dunkelheit machten ihm zu schaffen. Würde es wieder einmal Frühling, auch in seinem Herzen? Es war Abend.

Plötzlich kam Barbara, eine Bekannte. Sie gingen zusammen ans Meer. Die Eisschollen waren weg, auch keine Wolken waren mehr am Himmel.

Erik wachte auf, leider allein in seinem Bett, das mit Barbara war nur ein Traum gewesen. Er wollte zu Barbara gehen. Sie hatte schöne Augen. Sollte er ihr den Traum erzählen? Vielleicht würde sie ihn im nächsten Frühling auf seiner Fahrt begleiten.

Marlies Blauth

Sonnengesprenkel
trifft grün auf gewärmten Stein.
Ein Frühlingstag.

Die schönsten Tiere
Britt Glaser

Siggi hatte sie gelesen, die Bücher, bei denen Frauen dahin schmolzen. Es war sein Versuch, das ihm so fremde Wesen „Frau" zu verstehen.
Immer lief es schief in seinen Beziehungen, dabei hatte er schon lange keine Lust mehr, allein zu sein. Per Internet suchte er sein Glück. Aber traf nie die Richtige. Die Nase gestrichen voll, kaufte er sich Frauenbücher, verbrachte die düstere Jahreszeit mit Kerzen und Wein in seiner Wohnung und las. Nach jedem Buch glaubte er mehr von Frauen zu begreifen und ahnte, wie sie tickten. Siggi meinte sogar zu wissen, was Frauen von einem Mann erwarteten.
Einen letzten Versuch wagte er, ganz altmodisch, mit einer Annonce in der Tageszeitung.
Gespannt wartete er auf Post und jeder Brief wurde sorgfältig gelesen.
Ein Foto weckte sein Interesse. Es war etwas unscharf, aber die langen blonden Haare und die schmale Figur sprachen ihn an. Mona war zwar schon 42 Jahre, doch er mit 46 Jahren auch nicht mehr der Jüngste.
Sie telefonierten und verabredeten sich für den nächsten Samstag in einem bekannten Restaurant.
Beim Essen betrachtete er Mona und stellte fest, dass das Bild gar nicht so unscharf gewesen war. Monas Gesicht war der farbliche Kontrast zu den stark blondierten Haaren. Ihre Haut so dunkel, dass jeder Marokkaner neben ihr verblasste. Alle Männer, die das Lokal betraten, blickten zu Mona. Siggi fand das gut.
Nach dem Essen spielte er sein erworbenes Wissen aus, um nicht schon wieder allein zu sein. Flüsterte Mona Komplimente ins Ohr und schlüpfte in die Rollen seiner Buchhelden. Es fühlte sich gut an! „Warum machen das nicht alle Männer?", überlegte er.
Am nächsten Morgen läutete das Telefon beim Frühstück. Siggis Bruder am anderen Ende fragte: „Nimmst du uns nachher mit?"
„Wohin?", fragte Siggi.
„Zu Mutters Geburtstagsfeier."
Den Geburtstag hatte Siggi völlig vergessen. Er sagte seinem Bruder dennoch zu und überlegte, was er mit Mona machen könnte. Sie nach Hause schicken ging nicht. Sie wollten den Tag zusammen verbringen,

das war bereits ausgemacht. Aber Mona mit zur Feier nehmen, das ging auf keinen Fall! Seine Familie war konservativ und steif. Mona passte da überhaupt nicht rein. Die Frau seines Bruders zum Beispiel, eine erfolgreiche Geschäftsfrau. Würde man die beiden Frauen vergleichen, wäre sie ein Schwan – und Mona ein Ameisenbär.
Aus einem Ameisenbär konnte man keinen Schwan machen, soviel stand fest. Ihre dunkelbraune Farbe, die mindestens einen Arbeitsplatz im Sonnenstudio sicherte, ging sicherlich auch nicht auf die Schnelle runterzuwaschen.
Und die Kleidung? Kein bisschen spießig, nur sexy, von den Stiefeln mit Megaabsätzen, bis hin zum tief ausgeschnittenen Pullover.
Mona kam aus einem zerrütteten Elternhaus, hatte keinen Beruf, stürzte sich jung in eine Ehe, aus der ihr nur noch zwei erwachsene Kinder blieben.
Aber Frau bleibt Frau und Mann braucht eine Frau. Genau das war es, wonach sich seine Buchvorbilder sehnten. Jemanden, mit dem man die Abende verbrachte und zu Familienfeiern ging.
Siggi dachte ans Alleinsein, an die Suche nach der richtigen Partnerin. Keine Beziehung hielt lange und er spürte meist vom ersten Augenblick, dass es nicht gut ging.
Bei Mona war es anders und ihre Augen verrieten, sie fühlte genauso.
Was würden seine Mutter und der Rest der Familie zu Mona sagen, fragte sich Siggi. Mona würde sang- und klanglos in der Familie untergehen, weil Politik und Geldanlagen die Gespräche ausmachten.
Doch er fühlte sich seit dem gestrigen Abend wie ein Star, also schob er alle Zweifel beiseite.
Sie fuhren gemeinsam zum Geburtstag.
Die Gäste blickten irritiert, als Siggi seine Freundin vorstellte. Die Mutter nahm Monas Glückwünsche entgegen und sprach zu ihrem Sohn: „Hättest ja mal was sagen können!"
Als sich die Gespräche nach dem Kuchen um Politik drehten, stand die Mutter auf und räumte den Tisch ab. Sofort half Mona, stellte die Teller der Gäste zusammen, lächelte Siggi an und folgte der Mutter in die Küche. Sie blieben lange weg. Siggi wusste, dass seine Mutter Mona ins Verhör nahm, denn Neugierde war ihr zweiter Vorname. Was könnte Mona erzählen, sie hat nichts Großes vorzuweisen - das Leben meinte es oft nicht gut mit ihr.
Es dauerte lange, bis die Beiden wieder auftauchten.

Beim Verabschieden umarmte die Mutter Siggi und flüsterte: „Da hast du mal eine nette Freundin, wenn du die wieder gehen lässt, ist dir nicht zu helfen."
„Mama", flüsterte Siggi so laut, dass es Mona auch hörte, „Mona ist meine große Liebe, ich werde alles tun, damit sie bei mir bleibt."
Als sie Hand in Hand das Haus verließen, hielt Siggi an der Forsythie vor dem Haus und sagte: „Schau nur, die vielen Knospen, bald wird sie in gelber Blütenpracht stehen." Er küsste Mona und lächelte.
Mona schob sich dichter an ihn. ‚Wie konnte ich glauben, ich bräuchte einen Schwan, der an jedem See anzutreffen ist – wo doch Ameisenbären sehr selten, und was ganz Besonderes sind', dachte Siggi und ahnte, dass es ein wunderbarer Frühling werden würde.

Ingrid Herta Drewing
Kastanienbaum

Noch hängen der Kastanie junge Blätter
gleich ungeübten Flügeln schlaff am Ast,
wo nun befreit von Winters weißer Last
zart knospend Glanz in Blütenkerzen klettert
und Frühling sehnend in den Himmel fasst.

Wenn dann im Mai die Sonne golden malt,
streckt weit sie ihre grünen Blätterhände,
millionenfach, man glaubt, es nehm' kein Ende,
zum Himmelslicht, und in den Kerzen strahlt
ihr Frühlingsgruß, den sie uns zärtlich sendet.

Dann leuchtet's wieder hell in den Alleen.
In lindem Grün grüßt hoffnungsvoll die Stadt,
und auch das Schwanenpaar, dort auf dem See,
so majestätisch schön im Pas de Deux
auf der Kastanie Bühne Heimat hat.

Lenz
Rudolf Fröhlich

Schneeglöckchen, sich durch den verharschten Schneeteppich bohrend, Warmluftfronten, die sich unter Kaltluftmassen schieben. Eiszapfen, die gemächlich tropfend sterben. Schmutzig-grauer Schnee, sich in schattige Nischen verkriechend, bildet schmuddelige Inseln in erdig-brauner Landschaft, durchsetzt mit matt-feuchtem, stumpfbraunem Grün. Moderndes Laub des Vorjahres, dunkel-feucht schimmernd, bedeckt Wege und welken Rasen. Regen tröpfelt aus fliegender, eintönig grauer Wolkendecke, die, manchmal aufreißend, hier und da schon blauen Himmel ahnen lässt, der Winter bekommt Schwindsucht.
Märztage.
Allmähliches, noch zögerndes Erwachen aus Agonie und Winterstarre. Manchmal noch rückfällig, vor allem nachts. Schneeregen im Wechsel mit Sonnenschein. Süße Säfte steigen satt in den Stämmen. Erste Knospen schwellen. Die Schiefe der Ekliptik neigt die Nordhalbkugel mehr und mehr der Sonne zu und verringert so indirekt den Melantoninspiegel in unseren Organismen.
Was folgt, ist gleichsam ein Paradigmenwechsel der Natur: Frühlingsgefühle verdrängen den Winterschlaf!
Igeln und anderen Winterschläfern gleich, beginnen wir unsere tauben Glieder zu recken und fühlen langsam das Leben sich wieder in uns regen. Mit jedem kitzelnden Sonnenstrahl, mit lauen Lüftchen und netzhautstreichelnden Frühlingsfarben, die jetzt das triste Einheitsgrau dunkler Wintertage verdrängen, fühlen wir es mehr und mehr wie Schmetterlinge im Bauch, drängt es uns hinaus in die freie, frisch erblühende Natur, wird uns die Brust beim Anblick der wunderbaren Schöpfung vor Freude und Entzücken beinahe zu eng, möchten wir ihn, den Lenz, der unsere Sinne mit zarten Pastellfarben, lauen Frühlingslüften und Düften verzaubert, voll kindlicher Freude umarmen. Alles, alles in uns ist dann eitel Freude, Wonne und Hingabe, mit allen unseren Sinnen atmen, fühlen, sehen, tasten, hören, schmecken, riechen, fühlen wir das immer wieder unbegreifliche Wunder mit zurückkehrender, überbordender Lebensfreude.
Das ist Glücksgefühl pur und mit Mörike möchten wir in die Welt hinaus

rufen: „Frühling lässt sein blaues Band wieder flattern durch die Lüfte…!"
Aber noch ist Väterchen Frost nicht besiegt und liefert sich den April hindurch noch zahlreiche und mannigfaltige Rückzugsgefechte mit dem Lenz, bis der nahende Mai ihm, einem Florettfechter gleich, mit flirrender Klinge aus glänzenden Sonnenstrahlen den Todesstoß versetzt. Im Fallen noch reißt er seinen wallenden, mittlerweile löchrigen weißen Mantel von der Landschaft, dass nur einige Fetzen desselben auf den höchsten Berggipfeln noch hängen bleiben. Von hier aus wird er schon bald, wieder auferstanden, eine neue Herrschaft auf Zeit errichten …
Geboren im Mai, bin ich ein Kind des Frühlings!
Mai, goldener Monat. Symphonie aus Farben, Düften und Gesängen. Der Kelch der Natur öffnet sich und das Leben ergießt sich in üppigem Strom: Alles folgt dem ewigen Plan und sprießt, paart, vermehrt sich, eine neue Generation gebärend. Dies sind Tage voll jubilierender Lebensfreude, mit lauen Frühlingslüften, zartgrün-frischem Laub, gelb blühenden Wiesen unter pastellblauem Himmel und alles ist erfüllt vom geschäftigen Summen der Bienen und Hummeln, vom Konzert der Singvögel, vom schrillen Gezeter einer Amsel vielleicht wie auch vom lautlosen, fast schwerelosen „hierhin und dahin" der ersten Schmetterlinge im Sonnenlicht. Überall zeigen sich die Frühlingsblüher in ihrer vollen farbigen Pracht: Weißen Kerzen gleich stehen die Blüten der Kastanien auf den Zweigen, gelber Ginster, weißer Schneeball, zart violettes Wiesenschaumkraut, gelbe und weiße Narzissen und Krokusse, Kirsch- und Apfelbäume, Löwenzahn und Flieder, Stiefmütterchen, Klee und gelbe Butterblumen, leuchtende Tulpen und weiß-gelbe Gänseblümchen – alles ist ein einziges Blühen und Duften, die Landschaften zu einem einzigen großen Garten Eden verzaubernd, in dem wir staunend mit großen Augen umhergehen und uns nicht satt sehen können an all den Wundern, mit denen eine überreiche Natur uns beschenkt.
All das weckt auch tief in uns Menschen ein unbestimmtes Sehnen, ein überwältigendes Gefühl des Aufbruchs, des Glücks, der Lebensfreude. So folgen wir, mehr oder weniger unbewusst, jenem inneren Programm des Lebens, dem auch alle anderen Kreaturen auf dieser Welt seit Jahrmillionen folgen und über die wir oft glauben, uns Kraft unseres Verstandes erhoben zu haben. Kann es einen besseren, überzeugenderen Beweis geben, dass uns eine tiefe Verbundenheit und Verwandtschaft mit allem Leben, noch mit dem kleinsten Wurm auf dieser Erde, verbindet?

Sigrid Gross
Im Wald der frühen Liebe

*Ich entdecke dort
unaussprechlich Schönes.
Es glänzt zwischen
Blättern und Stämmen
die Flut eines Baches der Liebe,
mich in die Tiefe
des Waldes hineinziehend.
Es ist als strömte
durch meine Gedanken
die segnende Kraft
dieses stillen Wassers.
Mein Sehnen
verfängt sich
im Blau und Grün
der erwachenden Natur.
Nur die sanften Wellen
des Baches
künden vom Kommen
und Gehen.
Ach, könnt ich nur
in diesem Reich der Liebe
verweilen!*

Der neue Gärtner
Eine Parabel

Philip J. Dingeldey

Als der Frühling anbricht, herrscht scheinbares Chaos in Herrn X'. (Herr X. schämt sich über die Belange heute sehr und möchte sie am liebsten nicht mit sich in Verbindung sehen, weshalb er hier nur Herr X. genannt wird und nicht mit dem richtigen Namen tituliert wird) Garten.
Den Frühling im Herzen wuchsen und gediehen die Pflanzen frei und ohne Kontrolle eines Gärtners; der alte Gärtner hielt es für richtig, die Pflanzen selbst über die Art und Weise des Wachsens entscheiden zu lassen. Herr X. entrüstete sich sehr über die Disziplinlosigkeit und Unordnung, wie er es nannte.
Er sagte: „Wie soll ich mit diesem Garten nur dastehen vor den anderen, wenn hier jedes Kraut plötzlich wuchert, wie es ihm beliebt?! Diese Unordnung muss weg!", und entließ den Gärtner, dem nur noch die Liebe zu den Pflanzen und dem Frühling blieb. Herr X., dem das Ganze missfiel, stellte kurzerhand schnell - denn er hatte es eilig, musste er doch gut vor den Freunden dastehen - einen neuen Gärtner ein. Dieser hatte kein Feingefühl, doch war kein anderer unter dem Zeitdruck zu finden. So riss der Neue nicht nur jedes Unkraut aus - dem sein Recht auf Gedeihen auf Befehl des X. genommen wurde -, sondern stutze die übrigen Pflanzen, die nicht von ihm als Unkraut und als unwürdig abgestempelt wurden.
Er stutze sie so zurecht, dass sie nun aufrecht und gerade standen.
Die Pflanzen - nahezu perfekt – starrten nun brav alle in eine Richtung.
„Erst jetzt", lobte Herr X, „ist hier Ordnung und Schönheit eingekehrt; erst jetzt hat der Garten Kultur! Gibt es für die Pflanzen doch nichts Gesünderes!"
Diese schienen zu nicken, durch einen zarten Windhauch bewegt.
Der Sommer kann jetzt kommen.

Christian Klotz
Frühling, sagt man, steigert ...

Das Läuten der Ostererglocken,
Den lieberen Liebsten bewegt,
Dir Osterereier zu singen,
Mit Ostererhäschen belegt.

Ein süßerer Duft von gegrillten
Häslein und Whiskey pur ...
Ich fühle an meinerer Liebsten
Erwachen erneut´re Natur.

Du Komparativ von Leben
Bist aller Vergleichbarkeit bar.
Es lohnt sich manchmal, zu leben,
Was kommt, nicht ist, oder war.

Buntes Fest
Mirko Swatoch

Er möchte wie die Liebste uns beglücken
und zieht sein schönstes Kleidchen für uns an.
Mit frohen Farben will er uns verzücken;
er weiß, die Schönheit zieht uns in den Bann.
Am allerliebsten möchte man ihn drücken,
weil er das Herz so sehr erfreuen kann.
Der Frühling will mit seinem Charme verführen,
sein buntes Fest soll unser Herz berühren.

Hanne Rejzek
Frühling hat was mit Liebe zu tun

Nie würde man daran zweifeln
Verlieben, nur im Frühling
Wenn die Mädchen aus die Strümpfe raus
und die Fesseln sichtbar wurden
Dann klammerten die Männer sich fest an ihre Röcke,
die nun nur noch zu den Knien reichten.

Und so sah man im Frühling
Schon ab den ersten lauen Tagen
Die Frauen schwere Lasten tragen
Hinter sich ziehend,
man wollte just nicht loslassen.

Mit Holz und Stein
Schlug man auf die Männer ein
Doch die ließen sich nicht beirren
Und schleiften weiter bis zum Gartenzaune

Hielten fest an ihrem Saume
Versprachen Glück und die Welt,
Maiglöckchen und wenn's gefällt
Auch alle anderen ersten Blumen

Im späteren Gebrauch
Denn die Röcke waren out
War der Frühling froh darüber
Denn man sprach nun von freier Liebe

Ein neues Leben
Laila Mahfouz

Vicky Stadler nahm Abschied. Es gab wenig auf der Welt, das ihr größeres Unbehagen verursachte. Jeder Abschied war eben ein bisschen wie sterben. Tod auf Raten. Das erste Quartal des neuen Jahres ging heute unwiederbringlich zu Ende und vorbei war damit auch Vickys berufliche Laufbahn. Sicher würde sie die Rentenzeit genießen, aber nach 27 Jahren in einem Unternehmen würden ihr die Kollegen und der geregelte Alltag sicher sehr fehlen. Sie schluckte, als der letzte Kollege sich von ihr verabschiedet hatte und sie nur noch seinem Rücken durch die offene Tür nachsah. Die Reste des Kuchens, den sie am Vorabend gebacken hatte, brachte sie in die Abteilungsküche, dann goss sie ein letztes Mal die großen Pflanzentöpfe auf dem Gang und hoffte, die Kollegen würden künftig daran denken.
Als sie mit ihrer Tasche und dem Orchideentopf im Arm ins Freie trat, wurde sie von den ersten warmen Sonnenstrahlen des Jahres empfangen. Es war erst 15 Uhr und damit weit früher als ihr üblicher Feierabend. Es erschien ihr unmöglich, jetzt schon nach Hause zurück zu kehren, in ihre leere Wohnung, ihr einsames Leben, daher bog sie auf dem Heimweg in den Eichtalpark ein, in den sie seit dem Tod ihres Mannes vor über neun Jahren keinen Fuß mehr gesetzt hatte. Vicky Stadler fühlte sich alt und müde.
Der März verabschiedete sich mit Sonnenstrahlen und die bunten Köpfchen der Krokusse öffneten ihre Kelche für die ersten Hummeln, die, von der warmen Sonne geweckt, schon wieder emsig umher schwirrten. An den Forsythien und Seidelbast zeigten sich bunte Knospen, die eine oder andere wagte sogar schon die mutige Aufgabe aller Frühjahrspioniere und öffnete sich zu verheißungsvollen Blüten. Auch die ersten Stauden kämpften sich durch die noch harte Decke des Winters. Vicky war ganz verzaubert und überwältigt von dem Wunder des Frühlings. Sie musste sich setzen und sich mit ihrem Taschentuch die Augen betupfen, denn die Freude über dieses zarte, doch gleichsam so unerschütterlich starke Leben hatte sie zu Tränen gerührt.
Ihre Brille lag in ihrem Schoß und so konnte sie nur fühlen, dass sich jemand neben sie auf die Bank gesetzt hatte. Eilig trocknete sie ihre Augen und setzte die Brille wieder auf. Vorsichtig schaute sie zur Seite und

begegnete dem Blick eines älteren Herrn, der sie freundlich, aber auch ungewöhnlich direkt betrachtete.
„Ist ein Wunder, dieser Frühling, was? Jedes Jahr denke ich, ich weiß ja, was passieren wird, aber es dann zu erleben, haut mich immer noch um. Ich bin übrigens Friedhelm."
Vicky stellte sich vor und nickte. Ebenso hatte sie gerade auch empfunden. Lächelnd sagte sie: „Ja, ich gebe Ihnen Recht. Es berührt mich, zu sehen, mit welcher Macht der Frühling sich empor kämpft und den Winter vertreibt. Vermutlich liegt es aber nur daran, dass wir nicht mehr daran teilhaben können. Wir bewegen uns im Herbst und Winter des Lebens. Der Frühling ist schon so lange vorbei, dass mich sein Anblick tief berührt."
Sie seufzte traurig und blickte resigniert an dem Alten vorbei.
Als sie seine warme Stimme plötzlich viel näher an ihrem Ohr vernahm, fuhr eine Gänsehaut über ihren ganzen Körper: „Wie kommen Sie nur auf solche Gedanken? Den Frühling tragen wir doch in uns und müssen weder auf ihn warten, noch können wir ihn je verlieren." Er räusperte sich leicht und holte tief Luft, bevor er wieder zu ihr sprach: „Ihr Anblick hat mich sofort bewegt und mich veranlasst, mich zu Ihnen zu setzen. Nicht nur, weil es mich neugierig macht, zu erfahren, warum Sie Ihre Orchidee ausführen, sondern weil ich finde, Sie sind so hübsch wie der Frühling selbst und ehrlich gesagt, die schönste Blume, die ich hier erblickt habe."
Vicky errötete bis unter die Haarwurzeln. Sie war sprachlos und wusste nicht, wohin sie schauen sollte. Schließlich stammelte sie etwas von Orchideen, Firma und Rente, doch sie war überzeugt, keinen verständlichen Satz gesprochen zu haben.
„Großartig ist das", erwiderte Friedhelm. „Dann haben Sie jetzt doch Zeit, jeden Tag in den Park zu gehen. Lassen Sie uns gemeinsam den Frühling erwachen sehen, Sie und ich. Jeden Tag ein Stückchen mehr. Ich würde mich sehr freuen, wenn Sie mich begleiten würden."

Als Vicky Stadler an diesem Abend nach Hause ging, fühlte sie sich jung und unglaublich munter. Ihre Augen strahlten und sie spürte Wärme in sich wie einen kleinen glühenden Ball. Der Frühling war zu neuem Leben erwacht und sie war ein Teil davon.

Regina Pönnighaus
Etwas regt sich

Durch letzten Klecks vom Winterschnee,
treibt es lila gelb zur Sonne,
sprießen Glöckchen in die Höh',
läuten: Ist's nicht eine Wonne?

Wo dunkel der Tag in der Kälte ruht,
jetzt weckt ihn das Licht mit wärmendem Schein,
noch zaghaft und schüchtern, doch wohlgemut,
platzt das Knospchen im Wald grün und fein.

Eben noch grau und ungemütlich,
totenstill, trübe, bedrohlich, für wahr,
plötzlich erwacht alles, färbt ein, unermüdlich,
zwitschert, jubiliert und flattert es gar!

Aufgestanden wird hier wohl jetzt,
der tiefe lange Schlaf ist nun vorbei,
Frost und Eis sie fliehen entsetzt,
Flora, Fauna, Mensch tanzen: „Juchei!".

Betty Schmidt

Kirschblütenregen
Im Mai schon Sommerahnung
Voll im Farbenrausch

Ingrid Dressel
Der Ball

In den schönen Frühlingstagen
Sieht man straßwärts kleine Blagen,
die eilen flink nach einem Ball,
ein Spiel wie Annodazumal.

Und der Vater ist empört,
wenn ihn Mutter nervend stört,
beim Fußballgucken, keine Frage.
Denn das ist Pflicht, an dem Samstage.

Auch die Herren dieser Welt
Machen Ballspiel, wie's gefällt.
Nutzen aus den groß' Planeten,
für sich selbst, für die Moneten.

Fliegen in den Weltraum rein,
sehen dort, die Erd ist fein:
Ein super – großer blauer Ball
Zum Spielen –
Und mit dem letzten Atomknall
Schießt der Ball
Menschenleer hinaus ins All.

Nicole Hahn
Herzensfrühling

Erblüht die Liebe
zwischen uns.
Mein Herz, es lächelt
dich an!

Walter Pietruk-Heep
Anna

Anna saß auf der Terrasse des kleinen Hotels am See und hielt das Gesicht in die Sonne. In die Frühlingssonne genauer gesagt. Er, Mitte dreißig betrat das Cafe, sah sich um. Vollständig besetzt waren fünf kleine Tische mit schwatzenden Damen einer etwas älteren Generation. Dann sah er Anna und steuerte zielstrebig auf ihren Tisch zu. „Entschuldigen Sie, ist an Ihrem Tisch noch ein Platz frei? Hier ist sonst alles besetzt."
Anna hob den Kopf und nickte. „Bitte!", war die knappe Antwort.
„Darf ich mich vorstellen", fuhr er fort. „Johannes Kleinert, Dr. Johannes Kleinert."
„Ach, dann sind Sie Arzt?" Anna rückte ihre Sonnenbrille zurecht.
„Nein, nicht Arzt", sagte er. „Biologe."
Anna faltete die Hände vor sich auf dem Tisch. Das vor ihr stehende Glas Orangensaft war noch halbvoll. Sie schwieg.
Johannes betrachtete sie, dann fuhr er fort. „Endlich kommt der Frühling und man kann wieder draußen sitzen."
„Ja, endlich!", antwortete Anna. „Können Sie ihn auch riechen?"
„Riechen? Wen?"
„Ja, riechen Sie nicht, wie voll Poesie die Luft ist. Ein Gedicht aus Kätzchen und Krokussen, aus Sonnenstaub und aufatmender Erde."
Johannes sah sich um. „Krokusse? Hier sehe ich keine, es sind alles Märzenbecher und Narzissen. Sehen Sie, wie kräftig sie leuchten?"
Anna schwieg.
Johannes nahm einen weiteren Anlauf. „So ein herrlicher Frühlingstag, und Sie sind alleine unterwegs?"
„Nein, keineswegs." Anna rieb ihre Hände. „Mein Vater begleitet mich. Er ist gerade ins Dorf gefahren, ein paar Besorgungen zu machen."
Nach einer längeren Pause fragte er: "Stört Sie die Sonne?"
„Nein, ganz und gar nicht." Anna war irritiert. „Fühlen Sie nicht, wie zärtlich die Sonnenstrahlen die Haut berühren, das Gesicht streicheln. Sie freuen sich auch, endlich wieder sanft wärmen zu können. Warum fragen Sie?"
„Weil Sie die ganze Zeit Ihre Sonnenbrille tragen. Ich würde so gerne

einmal in Ihre Augen blicken. Verraten Sie mir Ihre Augenfarbe?"
In Annas Gesicht zeigte sich eine leichte Röte. Verlegen sagte sie: „Grün sind sie. Ich habe grüne Augen."
„Sagen Sie mir bitte auch Ihren Vornamen?"
„Ach, wenn Sie meinen, also ... also ich heiße Anna."
„Anna." Der Name zerschmolz fast auf Johannes Kleinerts Lippen. „Anna. Welch wohlklingender Name."
„Wohlklingend?" Anna reckte ihren Kopf. Die Hände hielt sie jetzt locker vor ihren Bauch. „Wohlklingend ist die Frühlingsluft. Hören Sie sie? Hören Sie die Melodie des Erwachens? Das sehnsüchtige Rufen in den Vogelstimmen. Hören Sie, wie die Knospen an den Bäumen aufspringen? Wie sich die Bienen und Hummeln unterhalten? Wie sie ausgelassen zur Melodie des Windhauchs tanzen?"
Johannes lachte. „Sie hören sicher auch noch das Gras wachsen."
Er registrierte den enttäuschten Zug um ihre Mundwinkel. Rasch stand er auf. „Ich hole uns etwas zu trinken. Aber laufen Sie mir nicht fort." Dabei drehte er sich schnell um und eilte in die Schankstube.
Annas Protest bekam er nicht mehr mit.

Kurze Zeit später erschien er wieder, hatte sein schönstes Lächeln aufgesetzt und stellte zwei Gläser Prosecco vor Anna auf den Tisch. „Anna, lassen Sie uns auf diesen herrlichen Frühlingstag anstoßen. Auf die wunderbaren, bunten Farben. Auf Sie." Er nahm ein Glas in die Hand.
Anna zögerte. Vorsichtig tastete sich ihre Rechte auf den Tisch. „Ja", sagte sie schließlich, „und auf die Frühlingsmelodien und die wundervollen Düfte!"
Johannes sah das Zögern der Hand, griff auch ihr Glas und hielt es ihr entgegen. „Hier, nehmen Sie!"
Annas Hand bewegte sich langsam auf das Glas zu, fasste vorbei und stieß es Johannes aus der Hand. Mit einem Knall zersplitterte es auf der Tischplatte. Der Prosecco ergoss sich über sein Hemd, seine Hose, Spritzer trafen auch ihr Kleid. Ein ärgerlicher Aufschrei kam über Johannes Lippen.
Anna ließ sich nach hinten in den Stuhl sinken, ihre Hände krampften sich zusammen. Mit leiser Stimme hauchte sie. „Entschuldigung! Ich ... ich bin seit neun Jahren blind."

Lorenz-Peter Andresen
„Lenzzeit"

Was einst als Lenzzeit weit verbreit
Ist heut die Frühjahrsmüdigkeit
Kaum wird man wach, und rekelt sich
Da wird man müd, allmorgendlich
Der Gang ins Bad, der strengt schon an
Wer macht das Frühstück, wer ist dran
Und erst der Abschied, welch Verdruss
Es bleibt nur Zeit für einen Kuss
Denn einen Brauch gibt's weit und breit
Man frönt der Frühjahrsfruchtbarkeit
Doch wie in allen Jahreszeiten
Fehlt Zeit für solche Kleinigkeiten
Und erst am Abend, matt und müde
Der Mann ist schlapp, die Frau ist prüde
Rafft man sich auf, nach Mitternacht
Zu einer sanften Kissenschlacht
Denn schon am nächsten Frühjahrsmorgen
Plagen uns dieselben Sorgen

Anne Manuela Köhnen
Frühling im Herzen

Frühlingsgefühle -
durchbrechen das Eis des Winters,
zögernd und doch voller Hoffnung.

Hermann Bauer
Ostern im Schnee

Der Osterhase klagt,
denn eine Bauernregel sagt:
Ist es grün zur Weihnachtsfeier,
fällt der Schnee auf Ostereier.

Der Osterhase jammert: Oh je!
Denn er sucht ganz zäh
mit dem kleinen Zeh
den grünen Klee.
Das tut so weh
im kalten Schnee.

Unten am See,
da sitz die Fee.
Trinkt ihren Tee,
mag keinen Kaffee.

Da schreit die Fee:
He Osterhase, he!
Komm her zum See
und trink einen Tee
mit mir, der Fee.
Das tut nicht weh.
Ich wärm dir deine Zeh!

Franziska Kynast
Frühlings-Haiku

Der Frühling ist da
die Herzen springen vor Glück
helle Gemüter.

Frühling heißt Leben – Leon Lenz ist da!
Inge Escher

Die Vögelein pfeifen ihren Willkommensgruß für einen neuen Erdenbürger, der sehnlichst erwartet wurde und endlich wie eine Blume die Erde durchbrach, wie ein Sonnenstrahl auf die Erde fiel und nun die Herzen erwärmt. So ist er plötzlich da, bereitet den glücklichen Eltern und beiden Großelternpaaren Schmetterlingsgefühle im Bauch.
Heute ist Frühling, die Sonne lacht nicht nur, sie strahlt sogar. Der Winter ward sofort vergessen und liegt weit hinter uns.

Hurra! Unser Enkel Leon-Lenz ist da! Gestern ist vorbei, nur das heute zählt. Das Loslassen unseres trüben und öden Winterlebens ist vollzogen. Von Krankheit, Tod und Sorgen wollen wir nichts mehr wissen und sind davon befreit.

Es lebe unser erster Enkelsohn! Mit dir lieber Leon-Lenz, liebes Wunschkind deiner Eltern, erneuert sich der Kreislauf unserer Uhr des Lebens. Es überströmt uns die Stunde des Glücks, der Dankbarkeit, des Wunders. In dir spiegelt sich die Reinheit deiner Seele. Du lebst - wir auch!

Tatjana Hinkebecker
Elfchen

Kätzchen

samtig weich

am Zweig gekuschelt

silbrig glänzend im Sonnenlicht

Frühlingsbote

Regina Berger
Glückszauberblätter

der Mond träumt sanft in meinem Herz
ich hab ihn dort versteckt
es hing ein kleiner Engel dran
den habe ich geweckt

er pflanzte einen Rosenstrauch
den wollen wir genießen
mit Liebestaumelblüten auch
Glückszauberblätter sprießen

Die Apfelblüte
Cornelia A. J. Studer

Wenn ich im Frühling noch lebe, will ich dir die erste Apfelblüte schenken und du wirst sagen: „Nicht, nimm sie nicht vom Baum, sonst kann kein Apfel aus ihr werden."
Und ich werde sagen: "Ich wollte dein Haar damit schmücken, dass du weißt, dass ich dir alles schenken mag, auch wenn ich nichts habe, ich wollte dir die Blüte schenken, denn wer weiß, ob ich im Herbst noch da bin, den Apfel mit dir zu essen."
Und du wirst antworten: "Man weiß nie, doch man muss immer die Chance wahren, der Zukunft eine Hoffnung schenken."
Und so schenke ich der Zukunft eine Hoffnung, male Apfelblüten, und immer wenn ich das Bild in den Ofen stecken mag, damit alle falsche Hoffnung verbrenne, so denk ich an ihn, denke an die Apfelblüte, die ich vielleicht noch sehen werde, doch nicht pflücken soll.
Wenn ich im Frühling noch da bin, schenke ich dir das erste Gänseblümchen, du wirst sagen, reiß es nicht ab, sonst wird die Biene keinen Honig

finden. Ich werde sagen: "So soll die Biene ihr Geschenk haben, wenn du deines nicht haben magst, doch weiß ich nicht, was ich dir dann geben soll, da ist nichts, dass ich dir geben kann, oder weißt du was?"
Du wirst sagen: "Gib mir, dass du dir Hoffnung gibst, auf den nächsten Sommer, nächsten Herbst, selbst auf den Winter, der nicht so schlimm sein muss, wie du ihn befürchtest, hoff auf einen Frühling mehr, dann auf den nächsten und den nächsten."
Ich werde sagen: "Hoffen war nie meine stärkste Tugend."
Und du wirst antworten: "Was keine Stärke ist, kann eine Stärke werden, so Wille und Übung es erlauben."
Wie seltsam sagst du, dass ich dir sage, was du sagen wirst, nun ich tue es, weil ich hoffe, dass du im nächsten Frühling noch bei mir sein magst, da ich weiß, dass bei mir sein, nicht mehr das leichteste ist.
Du sagst: "Der nächste Frühling wird warm und mild, dann wird alles leichter, das Atmen, das Leben, Ertragen und nicht zuletzt das Hoffen."
Wenn ich im nächsten Frühling noch da bin, schenke ich dir die erste Apfelblüte, ohne sie vom Baum zu pflücken, werde dir sagen, wir wollen auf den Apfel hoffen, ihn zusammen essen.
Wenn ich im nächsten Frühling noch da bin, schenk ich dir das Gänseblümchen, ohne es zu pflücken, wollen auf den Honig hoffen, ihn gemeinsam schmecken. Du schaust traurig aus, weißt wie schwer es mir fällt, die Hoffnung zu halten, bis der Frühling kommt, der Frühling voller Vogelgesänge und lauer Sonne, der Frühling mit den milden Tagen die immer länger werden, mit gütigem Licht und linder Wärme, und Regen der zärtlicher ist, als die kalten Tropfen des Herbstes.
Du siehst mich an und versprichst mir den Frühling, und ich fürchte den Winter, der ihn nicht kommen lassen will.
Eines verspreche ich dir, wenn der Frühling kommt, und ich ihn noch sehe, will ich die Freundlichkeit der Sonne danken, in dem ich all meine Griesgrämigkeit verjag, und selber sehe, wie freundlich ich sein kann, wenn der Frühling kommt, mit Wärme, so will ich mein Herz erwärmen, für alles, was die Jahreszeit mir schenkt. Doch solang er noch nicht da ist, dieser hoffnungsvolle Frühling, solange bleib bitte hier, sei der Sonne Freundlichkeit und ihres Lichts Wärme für mich, wie soll ich sonst hoffen? Hier sitzt du, singst ein Frühlingslied für mich, ich möcht dir eines schreiben, doch fehlen mir die Worte, die Musik, zuweilen auch Hoffnung, die dazu gehörte. So gib mir etwas von deiner Zuversicht, gemeinsam könnt es für uns vielleicht doch Frühling werden, vielleicht auch

immer bleiben. Später, später unendlich viel später.
Jetzt ist er da der Frühling, jetzt ist sie da die Apfelblüte, ein Zweiglein brach vom Baum, du hast es in eine Vase eingestellt, es mir geschenkt, auch wenn aus der Blüte nie ein Apfel wird, sie lohnt sich schon des Blühens. Auch ich habe eine Gabe, das Frühlingslied, das ich dir schreiben wollte, ich habe keins gefunden, doch der Vogel auf dem Baum leiht mir seine Stimme, und singt an meiner Stelle. Es ist wahr, was du versprochen, der Frühling macht alles leichter, am leichtesten das schwere Herz, das nun ein Vogelfederchen selbst himmelwärts trägt.
Ich danke dir, dass du mich bis hierher mit deiner Hoffnung trugest, lass uns das Beste hoffen, so das Zweitbeste geschieht, nehme ich mit Danken vorlieb. Doch im Moment ist das Beste da, ein milder, lauer Frühling, ich hoffe, er währet lange.
Weißt du, was ich tue, wenn der nächste Frühling kommt, so ich ihn erlebe? Weißt du, was ich jetzt tue und solang ich lebe, ich schenk dir den Frühling, ich weiß er gehört dir schon, doch habe ich sonst nichts zu geben! Ich danke dir von Herzen.

Ursula Strätling
Bäume im Nebel

konturig kahl wie
in erstarrtem Flehn
die schwarzen Schattenarme
anbetungsvoll gegen
verborgene Himmel gereckt

das milchige Grau noch der
Novembernebeltrübe ihnen
ins Gesicht geschrieben

und sammelt sich doch
Frühling schon
ganz leise im Geäst

Im Frühling auf der Pirsch
Gundula Czappek

„Die Schönheit brauchen wir Frauen, damit die Männer uns lieben, die Dummheit, damit wir die Männer lieben." Diese äußerst hintergründigen Worte von Coco Chanel treffen allzu oft genau tief mitten in die menschliche Seele von uns allen. Und leider legt in schwachen Momenten die fatale Eifersucht noch ein völlig überflüssiges Schäufelchen Dummheit bei uns Frauen dazu.

Ich lebte seit einem Jahr als umsorgtes Bankerfrauchen wie eine Märchenprinzessin mit meinem Prinzen in einer wahrhaft herrschaftlichen Villa. „Hol den Ball, Nala!" Schwanz wedelnd sauste mein tiefschwarzer Labradormischling über die duftend blühende Frühlingswiese mit den vielen Maulwurfshügeln auf unsere karierte Picknickdecke zu. „Schau mal Hase, da schaufelt einer!"

Nur für ein paar kurze Herzschläge lang konnten wir ein schwarzes Samtpelzchen aus dem Hügel robben sehen. Der eifrige Hund war leider schneller als er. Wir begruben den Kleinen und streuten gemeinsam Gänseblümchen über das winzige Grab. Und genau da, an unserem Lieblingsplätzchen unter den drei Birken machte mein Hase mir im Überschwang unserer beiden Frühlingsgefühle mit Kniefall seinen wunderbar kitschig, romantischen Heiratsantrag.

In meinem täglichen Leben gab es seitdem einen hoppeligen Hund und einen überaus fleißig arbeitenden Ehemann. Dieser sorgte wie nebenbei für das nötige Kleingeld und jonglierte mit Aktien in Schwindel erregender Höhe. Bei letzterem fragte ich mich allerdings in manch einsamen, dunkel leeren Nächten meiner Ehe, ob die leider nicht hässliche Sekretärin mit der Stupsnase, dem kurzen Rock und dem Zickennamen Desiree mehr über die Vorzüge meines Hasens wusste, als mir lieb war. Eifersüchtig? „Aber natürlich nicht!"

„Ach weißt du, mein Häschen, ich möchte dich nicht langweilen! Trockene Bankgeschäfte eben! Und schließlich haben wir Wochenende! Hast du Lust mit mir nach Kärnten zu fahren?"

Äh, ich habe doch schon erwähnt, dass es sich um eine Dienstreise handelte, oder? „Ach, übrigens treffen wir zum Abendessen den Grafen Csorba und eine gute Bekannte!"

„Klingeling!" Sofort schrillten die Alarmglocken. Ich hatte keine Bekannten in Kärnten, schon gar keine weiblicher Natur!
„Ach, da sind Sie ja! Etwas schwerfällig hievte sich ein rundum pummeliges Männchen in einem verheerend kackbraunen Anzug von seinem Sessel hoch. „Es ist mir eine Ehre, Sie hier bei uns begrüßen zu dürfen!" Der galante Handkuss des Stehaufmännchens passte wieder besser in das Bild eines Grafen. Die beiden Männer tauschten einen sehr vertraut wirkenden Blick miteinander. Im Übrigen stand ich absolut im Mittelpunkt und durfte mich in der ungeteilten Aufmerksamkeit von zwei Herren sonnen, bis zu dem grauenhaften Moment als die bildhübsche und stupsnasige Zickensekretärin meines Hasen an unserem Tisch Platz nahm! Sie war also die „gute Bekannte", die mein Hase angekündigt hatte! Wer, um Himmels Willen hatte den Abend so gründlich versaut und mir diese Zimtzicke in atemberaubend eisblauem Jil Sanders Spaghettiträgerkleid vor die Nase gesetzt? WER??? Wenn du das warst, mein geliebter Hase, dann bereite dich auf etwas vor! Du kennst sicher noch meinen Schüttelreim, bei dem du dich so vor lauter Lachen zerkugelt hast: Der Jäger trifft des Hasen Nase - da blutet aus der Nasen Hase! Wie ein kleiner Giftkaktus, der alle Stacheln aufgestellt hatte, fühlte ich mich. Kurz auf den Punkt gebracht: Ich war EIFERSÜCHTIG! Und noch dazu, als klitzekleine Draufgabe tuschelten die drei zwischendrin, natürlich aus Rücksicht auf mich in gedämpften Plauderton, über Geschäftliches. Das konnte nicht wahr sein! Na warte, meine Zeit kommt noch. Schmollend nippte ich wohl ein bisschen zu viel von dem herrlich perlenden Prosecco.
Zeitungsnotiz vom 20. März: „Streifschuss am Allerwertesten." Auf der Hasenjagd in Kärnten ist ein Tiroler Jäger beim Urinieren durch eine Kugel aus seinem eigenen Gewehr leicht verletzt worden. Wie die Rettungskräfte am Samstag mitteilten, verspürte der 35-Jährige auf einer Treibjagd plötzlich ein dringendes Bedürfnis. Er lehnte sein Gewehr an ein geparktes Auto, doch die Waffe rutschte ab und ein Schuss löste sich. Der Mann hatte Glück im Unglück: Er kam mit einer Schramme am Allerwertesten davon.
Na gut, ein wenig bereue ich meine unglücklich wirklich unabsichtliche „Tat". Schließlich wollte mir mein Hase am nächsten leicht verkaterten Morgen die Büchse beim Jagdausflug nur aus den zitternden Händen nehmen, als ich vorübergehend aus tiefstem Herzen enttäuscht war, weil ich ihm gerade seine vermeintliche Untreue mit Desiree vorwarf. In so einem schicksalsschwangeren Moment veranstaltet man keine Ring-

kämpfe mit vermeintlich betrogenen proseccodauerbeschwipsten Eheweiblein! Fazit der Geschichte: Ein winziges Schrämmchen am knackigen Hasenpopo, zwei allerinnigst aufs Neue wieder glücklichst vereinigte Eheherzen nach einem fast passierten, völlig überflüssigen Eifersuchtsdrama und die vor mir offen gelegten Geschäfte meines wirklich fleißigen Ehehasen. Ich weiß nun aus erster Hand, dass Banker wirklich oft bis spät in die angebrochene Nacht hinein schuften müssen, um erfolgreich zu werden und es dann auch zu bleiben. Soll ich noch hinzufügen, dass Desiree sich als bereits in festen ungarisch verlobten Männerhänden befindliche geschäftstüchtige Tochter des Grafen Csorba entpuppte und der Graf selbst der eigentlich gewichtige Geld- und Arbeitsgeber meines Mannes ist? Leider muss ich mich nun an dieser Stelle von Ihnen verabschieden und das sprudelnde Badewasser einlassen, mit knallroten Herzchen-Tabs zum Reinstreuen natürlich. Die langstielig funkelnden Sektgläser stehen schon am Wannenrand, und ich denke, es wird gleich eine schnuckelige HASENJAGD bei uns geben. Bitte nicht stören!

Andreas Glanz
Vogelgezwitscher

Knospen sprießen aus dem Boden,
grün zieht langsam über das Land.
Und aus trist-grau trübem Schein
zieht langsam wieder Leben ein.

Sonnenstrahlen durch die Wolken
blicken hell und warm zugleich,
Hört nur, Kinder singen Lieder,
heiter, leis und immer wieder.

Und ich höre
in der Ferne
Frühling.

Gabriele Frings
schneeschmelze

abendstunde des winters
wieder versuchen die lurche
ein neues liebesglück
wie die arglose erdkröte
in meiner zitternden hand

rauh und unbeholfen
wie meine stimme
vom tiefen stummen
an schweigendkalten tagen
die noch nicht verklungen

schnee im märz
verweht
die tonspur der amsel
verliert sich
im zurückgehaltenen grün

wenn die schmelze
meine kehle hinunterrinnt
könnte ich es
mit dem lockruf des spatzes
versuchen

Ein kurzer Frühling
Horst Decker

„Im Frühling werden wir uns wiedersehen." Das waren die letzten Worte, die er uns aus dem Fenster des abfahrenden Eisenbahnzugs zurief. Es war ein Versprechen, das ich fast überhört hätte. Aber, ich hatte es gehört und daher galt es.
Mutter und ich gingen schweigend nach Hause. Wir mussten nicht reden. Jeder von uns wusste genau, was der andere dachte, nämlich immer wieder die eine Frage, werden wir Vater wiedersehen? Man hörte in diesen Tagen oft vom Tod. Noch vor drei Jahren waren die Zeitungen voller Todesnachrichten. Dann wurden sie verboten, denn, so sagte die Regierung, sie schadeten dem Volk, sie demoralisierten und provozierten Defätismus. Aber der Tod war unüberhörbar. Er war allgegenwärtig.
Es war immer der gleiche Ablauf. Man wartete und wartete, aber die Post stellte keinen Brief des Angehörigen mehr zu. Eigene Briefe kamen zurück. Wochen der Ungewissheit und dann, gefühlsmäßig völlig unvorbereitet, ein jede Hoffnung vernichtendes Schreiben seiner Kompanie. Man musste es nicht öffnen, um zu wissen, was darin stand. Manche verbrannten es daher ungeöffnet, um bei all dem Schmerz nicht auch noch die manifestierte Verhöhnung lesen zu müssen – „in treuer Pflichterfüllung im tapferen Kampf für das Vaterland den Heldentod empfangen."
Nach Vaters Weihnachtsurlaub hörten wir nichts mehr von ihm. Briefe an seine Feldpostnummer kamen wegen Unzustellbarkeit zurück. „Das hat nichts zu sagen", erklärte mir Mutter: „Die Postverbindungen werden zusammengebrochen sein. Es geschieht viel in dieser Zeit. Im Frühjahr wird Vater bei uns sein. Er hat es versprochen." - Aber nachts hörte ich sie weinen, auch wenn sie versuchte, dabei so leise wie möglich zu sein. Gefühle sind nicht immer leise. Manchmal lassen sie sich nicht festhalten.
Jeden Morgen, wenn wir aufstanden, führte unser erster Weg in die Küche. Meine Aufgabe war es, das alte Tagesblatt vom Kalender abzureißen. In der Zwischenzeit schürte Mutter so lange im Küchenherd die Reste der nächtlichen Glut, bis ich ihr das Kalenderblatt des Vortages brachte. Dies legte sie dann sachte auf die noch schwach glimmenden Brikettkrümel und häufelte schnell das vorbereitete Reisig darüber. An-

schließend durfte ich die Glut anblasen, bis das Feuer munter aufloderte. Besonders gerne riss ich die Kalenderblätter von Sonntagen und Monatsanfängen ab, denn bei diesen war die Datumsangabe in fetten, roten Buchstaben aufgedruckt. Es war am 1. März 1945. Die ganze Nacht freute ich mich auf die kommende Abwechslung des ansonsten immer gleichen Tagesablaufs: Luftschutzkeller, Schlafversuch, Nachtalarm, Schlaf, Kalender abreißen, Ofen anheizen, Schlangestehen für Lebensmittel, Essen, Hungern, Warten, Alarm. Und nun als Durchbruch dieser Eintönigkeit wieder einmal das Abreißen eines roten Kalenderblattes.

Als ich am kommenden Morgen freudig zur Tat schreiten wollte, stellte ich erstaunt fest, dass der Kalender nicht mehr an seinem alten Platz hing. „Ich habe ihn höher gehängt", erklärte Mutter: „Ich möchte verhindern, dass wir aus Versehen zu viele Blätter abreißen. Wir benötigen zum Anfeuern des Ofens nicht mehr unbedingt Papier." Sie beschloss, dass nur jeden zweiten Tag ein Kalenderblatt abgerissen werden sollte, änderte das nach wenigen Tagen auf jeden dritten Tag und schließlich sollten gar keine Blätter mehr vom Kalender entfernt werden.

Und als sich unser Garten mit Blumen füllte, fragte ich Mutter, wann endlich der Frühling da sei.

„Das dauert noch eine Weile", sagte sie: „Du wirst es schon merken. Wenn Vater zurückkommt, dann ist Frühling. So hat er das gesagt." Und ich erinnerte mich an Vaters Worte.

Die Tage wurden wärmer und wir zündeten den Herd nur noch mittags zum Kochen an, um Kohlen und Holz einzusparen. So war es in der Wohnung kalt und ich wäre gerne nach draußen in die wärmende Sonne gegangen, aber Mutter bestand darauf, dass ich die Wohnung nicht ohne Wollmütze, Handschuhe und Winterjacke verließ. Einerseits wollte ich Mutter nicht verletzen, andererseits aber auch nicht zum Gespött meiner Kameraden werden, die längst barfuß und in kurzen Hosen unterwegs waren. Ich zog es daher vor, unsere Wohnung nicht mehr zu verlassen und die Ankunft des Frühlings lieber als Stubenhocker zu erwarten.

Ich wollte nicht die Frage beantworten, die mich ohnedies unablässig quälte. Ich bekam daher nicht mit, dass die Zugvögel längst von ihren Winterdomizilen zurückgekehrt und die Bauern mit der Bestellung ihrer Felder nahezu fertig waren. „Wann kommt endlich der Frühling?", fragte ich Mutter täglich. Und sie gab mir darauf immer die gleiche Antwort: „Frühling ist, wenn Vater zurückkommt."

Die Nächte wurden auf einmal nicht mehr von Bombenalarmen durchschnitten und tagsüber waren die Straßen wieder voller Menschen. „Es ist Friede", erklärte mir Mutter, „das bedeutet auch, dass der Frühling nicht mehr weit sein kann."

Sie hängte den Kalender, der noch den 20. März 1945 anzeigte, wieder an seinen alten Platz, verbot mir aber dennoch, ein Blatt davon abzureißen. Dann fertigte sie aus Pappe ein großes Schild, auf das sie Vaters Namen schrieb. Mit diesem ging sie jeden Morgen zum Bahnhof und kam erst zurück, wenn der letzte an diesem Tag zurückkehrende Soldat den letzten Zug des Tages verlassen hatte.

Eines Tages, es war sehr warm, die Fenster in unserer Wohnung standen weit offen, hörte ich sie schon von weitem rufen: "Es ist Frühling, es ist Frühling."

Schnell rannte ich zum Kalender und riss das Blatt vom 20. März 1945 ab, denn ich wusste noch, dass Vater großen Wert auf Ordnung legte.

Dann rannte ich auf die Straße und fiel direkt in die Arme meines Vaters. Er wirkte müde und zerbrechlich, aber er war wohlauf. Als wir nach langer Begrüßung die Wohnung betraten, fiel Vaters Blick direkt auf den Abreißkalender, der seit wenigen Minuten den 21. März 1945 anzeigte. Irritiert blickte er uns an, schritt zum Kalender und riss nach und nach alle Blätter bis zum 30. Juni ab. Ein Sonntag in jeder Beziehung, wolkenloser Himmel, wärmende Sonne, zwei Tage hintereinander ein rotes Kalenderblatt und Vaters Rückkehr. Und, an diesem Tag erlebte ich den kürzesten Frühling meines Lebens.

Barbara Theuer
Frühlingselfchen

Knospen
unter Schnee.
Heimlich doch kraftvoll
keimt Liebe im Herzen -
Frühling.

Rudolf Geiser
Der Frühling naht

Der Frühling naht, ich bin so froh,
denn wie in allen Jahren
kommt aus dem fernen Veneto
der Eismann angefahren.

Kaum schmelzen bei uns Eis und Schnee,
gibt's Speis'eis mit fünf Sternchen,
Veneto Eis im Eiscafé
im Becher und im Hörnchen.

Espresso, Kaffee, Cappuccin-
o Erdbeermilch mit Sahne,
ins Eiscafé da lasst uns ziehn,
zu hissen Eismanns Fahne.

Und dankbar blicken wir nach vorn
auf all die Köstlichkeiten
in Becher, Tasse, Glas und Horn
in sommerlichen Zeiten.

Und wenn der Sommer ist perdu,
beginnt alles von vörnchen,
denn kaum ist bei uns wieder Frühling, gibt es Eis im Hörnchen.

Der Duft einer verlorenen Kindheit
Dorothea Möller

Erinnerungen sind für uns Menschen etwas Kostbares und sehr wichtig. Gerüche und Düfte wecken Erinnerungen. Die Düfte können angenehm oder unangenehm sein.
Wer kennt das nicht: Ein Duft steigt uns in die Nase und Bilder aus unserer Kindheit sind wieder da, längst vergessene Dinge fallen uns wieder ein. Das kann der Geruch von Bohnerwachs aus Omas Küche sein oder der Duft von frischem Moos. Als meine Mutter an einem atypischen Parkinson erkrankte, kam auch eine dementielle Entwicklung dazu. Für sie wurde es im Verlauf der Erkrankung immer schwieriger sich fortzubewegen und sie wurde zunehmend vergesslich. Rasch wurde sie zum Pflegefall.
Was meine Mutter jedoch **nicht** vergaß, war ihre Kindheit in Ostpreußen vor der Flucht. Sie sprach oft und gern von den Wäldern, Feldern und dem zarten Duft der Apfelblüten auf der Streuobstwiese ihrer Großeltern im Frühling. Sie vermisste den Geruch von frischen Moosen und Farnkraut aus den Wäldern. Zwar besaßen wir einen Garten, dennoch reichte die Geruchspalette der Frühlings- und Sommerblumen, der Blüten oder Gräser nicht aus, um ihr den typischen Frühlingsduft der Kindheit zu vermitteln.
Meine Freundin in Amerika beschäftigte sich schon seit vielen Jahren mit Parfüms und mischte selbst Düfte. Da wir stetig in Kontakt stehen, wusste sie um die Erkrankung meiner Mutter und ihren Wunsch, einmal in die Heimat zurückzukehren. Uns war klar, dass Muttis Erkrankung rasch voran schritt und sie nicht mehr reisen konnte, dennoch wollten wir ihr mit dem Dufterlebnis ein Stück ihrer Kindheitserinnerungen zurückbringen. Kirsten, meine Freundin wusste, dass man mit Hilfe der Aroma- oder Phytotherapie positive Assoziationen vermitteln könnte. Also kaufte ich mir einen Parfümbaukasten und beschäftigte mich mit den Kopf-, Herz- und Basisnoten von Düften. Ich bemühte mich aus den verschiedenen Duftkomponenten ein Parfüm zu kreieren, was den Beschreibungen meiner Mutter nahe kam.
So sehr ich mich auch bemühte mit holzigen und blumigen Elementen zu mixen, umso enttäuschter wurde ich, dass es nie der annähernd passende Duft wurde.

Im Laufe der Zeit erinnerte ich mich, dass meine Mutter während meiner Kinderzeit oft Irisblüten auf dem Markt gekauft hatte. Vielleicht half mir dieser Geruch weiter. Dann kam mir der Zufall zur Hilfe. Im Wartezimmer ihres Hausarztes las ich in einem Artikel über den betörenden Duft von Jasmin.
Kaum daheim machte ich mich motiviert an das Mischen und gab Düfte von Moosen, Grün, Iris, Jasmin und Gardenien zusammen in den Mischbehälter. Die konzentrierten Düfte verdünnte ich mit Basiswasser und schrieb die Mixtur exakt auf, so wie ich es immer getan hatte. In der Hoffnung, mal wieder einen annähernd passenden Duft gefunden zu haben, brachte ich ihn zu meiner Mutter. Ein Lächeln huschte über ihr Gesicht und sie schloss für einen Augenblick die Augen.
Gespannt wartete ich auf weitere Reaktionen. Sie öffnete ihre Augen, Tränen der Rührung und Erleichterung schimmerten in ihnen. Sie sprach damals bereits schleppend und manchmal schlecht verständlich, doch nun konnte ich sie klar verstehen: „Wie hast Du das gemacht? Es riecht nach dem Garten Deiner Uroma", sagte sie mir, lächelte selig und strich mir eine Haarsträhne aus dem Gesicht. Das war mein schönster Dank!

„Für Kirsten – als Dankeschön und zur Erinnerung an Ursula"

Julia Hinterleithner
Wieder Frühling

Wenn der Alltag in tausende
von Scherben springt,
ist wieder Frühling
und es blühen die Linden.

Die Luft erfüllt von Duft,
der uns den Sommer bringt
und ich werde mich an dich
denkend wiederfinden.

Weiße Rosen
Karl-Heinz Ganser

Es war Frühjahr und ich hatte das Bedürfnis, an diesem Freitagmorgen mit dem Bus zum Stadtfriedhof zu fahren.
Eine wohltuende Stille breitete sich über die Gräber aus, die fast alle liebevoll mit bunten Frühlingsblumen geschmückt waren. Leise streifte der Wind durch die Bäume und Sträucher.
Als ich zum Grab meiner Frau kam, bemerkte ich nebenan einen frisch aufgeworfenen Erdhügel. Wieder ist ein Mensch gestorben und das im Wonnemonat Mai, dachte ich und wurde ganz traurig. Die Schleifen der Kränze waren von Regen und Wind ziemlich zersaust. Ein großer, prächtiger Kranz war wahrscheinlich vom Wind nach vorne auf den Rand gekippt. Ohne lange zu überlegen, bückte ich mich, um ihn wieder aufzustellen. In diesem Augenblick hörte ich hinter mir eine Stimme leise sagen: „Danke."
Erschrocken richtete ich mich auf und sah eine traurige, schwarzgekleidete Frau mit weißen Rosen in der Hand vor mir stehen. „Nächste Woche wird hier abgeräumt und dann bepflanzt", sagte sie während sie die weißen Rosen niederlegte. Dann richtete sie sich wieder auf, verneigte sich und ich hörte wie sie flüsterte: „Bis nächsten Freitag, Ottfried." Sie wünschte mir noch einen guten Tag und ging.
Wahrscheinlich hatte sie das vorhin zu ihrem Mann gesprochen, dachte ich. Ich konnte das gut verstehen, denn ich war vor einem Jahr auch in dieser Gefühlssituation gewesen, als meine Frau nach einem Herzinfarkt verstarb. Wenn ein lieber Mensch im Frühling stirbt, nimmt man keinen wunderschönen Sonnenaufgang mehr wahr, die Blumen wirken blass, als würden sie mittrauern.
Plötzlich musste ich an das denken, was sie vorhin geflüstert hatte. ‚Bis nächsten Freitag'. Ich merkte, dass der Gedanke, sie nächste Woche wieder zu sehen, mich auf einmal positiv stimmte.
Am folgenden Freitag, die Sonne schien vom wolkenlosen Himmel, war ich schon etwas früher auf dem Friedhof und sah, dass das Nachbarsgrab sehr schlicht bepflanzt war. Mir fiel auf, dass sich neben einer Schieferplatte eine kleine Mulde befand. „Da kommen die Rosen hin", hörte ich plötzlich hinter mir jemand sagen. Als ich mich umdrehte, blickte ich in

zwei pechschwarze Augen und mir war, als ob sie in einem seltsamen Glanz strahlen würden.
„Entschuldigung, ich wollte Sie nicht erschrecken."
Die Frau lächelte kurz und begann sofort damit, das mitgebrachte Rosengewächs in die Mulde zu setzen. Als sie fertig war, meinte sie: „Ich hoffe, dass es einmal schöne, weiße Rosen werden."
„Warum weiße Rosen?", fragte ich spontan.
Die Frau sah mich an, ihr Gesicht wurde nachdenklich als sie dann sagte: „Die weißen Rosen stehen für Abschied und Neuanfang." Nach einer Weile fügte sie leise hinzu: „Jetzt und hier ist die Zeit Abschied zu nehmen, aber ich glaube auch fest an einen neuen Lebensanfang."
Ich nickte. „Da kann ich Ihnen nur zustimmen."
Um das Gespräch nicht abbrechen zu lassen, lobte ich die Grabgestaltung und hoffte insgeheim, dass sie noch einmal auf das Thema der weißen Rosen zu sprechen kommen würde. Aber sie wollte sich scheinbar nicht weiter unterhalten, sondern verabschiedete sich wieder wie am letzten Freitag mit einem kurzen Gruß. Als ich ihr nachsah, bemerkte ich, wie elegant sie in dem dunklen Hosenanzug wirkte.
Wir trafen uns in den nächsten Monaten immer seltener an der Ruhestätte. Irgendwann im Herbst erzählte sie mir dann doch, dass sie Marion Trebi heiße, seit einem Monat pensioniert sei, trotzdem aber noch tageweise in ihrer Firma als Übersetzerin arbeiten würde.
Der Winter begann früh mit Frost und Schnee und beendete fast ganz unsere Friedhofsbesuche.

Ein herrlicher Frühlingstag Anfang Mai hielt mich nichts mehr in der Wohnung und, obwohl es Mittwoch und nicht Freitag war, machte ich mich mit dem Elektrofahrrad auf den Weg zum Waldfriedhof. Schon von weitem sah ich, dass sie am Grab kniete und Unkraut zupfte. Freudig überrascht rief ich ihr laut zu: „Hallo Frau Marion, ich bringe den Frühling!"
Zu meinem Erstaunen stand sie auf, strahlte mich richtig an und fragte: „Auch den Neuanfang?"
„Ja, aber natürlich", erwiderte ich schmunzelnd und fügte hinzu: „Ich habe am Eingang gesehen, dass Sie auch mit dem E-Rad hier sind und deshalb lade Sie an diesem wunderbaren Tag zu einer Fahrradtour durch den Stadtwald ein."
Sie sah mich an, lachte herzhaft und sagte: „Eine tolle Idee, na ja dann

fahren wir doch gleich los."
Einige Bäume im Stadtwald zeigten schon ihr erstes saftiges Grün und es wehte uns ein laues Lüftchen entgegen. Beim Radeln unterhielten wir uns über den beginnenden Wonnemonat. Mir war aufgefallen, wie frei und ungezwungen Marion sich bewegte und erzählte.
Nach einer Stunde Fahrt legten wir eine Pause ein.
Als wir dann auf einer Bank saßen, sagte ich zu ihr: „Ich lade Sie ins Restaurant „Rose" zu Kaffe und Kuchen ein. Es liegt nur ein paar hundert Meter von hier entfernt am Waldesrand."
Überrascht sah sie mich an und ihre Augen glänzten jetzt richtig. „Die Einladung nehme ich gerne an." Und nach einer Weile fügte sie nachdenklich hinzu: „Jetzt glaub ich, dass die Zeit gekommen ist, einen Neuanfang zu machen."

Magdalena Ecker
Traum vom Fliegen

Von sanftem Hauch getragen
über Blumenwälder hin
Zarte Flügel leise schlagen
Frühlingshafter Neubeginn

Weiche Farben zieren nun
Die Welt in frischem Glanze
Fröhlich scheint in seinem Tun
Der Schmetterling im Tanze

Munter blühen alle Bäume
Saftig grün das weite Feld
Doch rasch verlässt er meine Träume
Kehrt zurück in deine Welt.

Jana Engels
Vorfreude

Für einen Augenblick
Riecht es schon nach Neubeginn
Über den breiten Feldweg
Huscht leise der Märzwind

Lässt die ersten Ungestümen
In seine Richtung sich verbiegen
Noch ein paar alte Blätter liegen
Gelb-schwarz am Rand – übrig geblieben

Immer noch sind die Nächte kalt, doch
Minusgrade und lange Dunkelheit
Herrschen nicht mehr lang, schon bald
Erwacht der Lenz und mit ihm die Zeit

Regen Wachstums und neuer Liebe
Zauberhafter Glücksgefühle
Einen Seufzer trägt der Wind
Nun ist es nicht mehr lange hin

Shan Li
Frühling im Herzen

Seicht ist die Luft und frisch der Frühlingsregen.
Das Erblühen der Blumen ein geistiger Segen.

Fanfare des Frühlings
Antja Prenzer

Anna fröstelte. Es wehte ein kalter Wind. Es wird Zeit, dass es Frühling wird, dachte sie.
Abgehetzt wie sie war, hatte sie keine rechte Lust mehr auf das Klassentreffen.
Dass Jürgen auch nie pünktlich sein konnte. Und ausgerechnet heute hatte ihr Jüngster so viel für die Schule aufgehabt. Um Ausreden war ihr Göttergatte nicht verlegen gewesen. Dabei hatte sie ihn ausdrücklich gebeten, heute nicht zu spät aus der Firma heimzukommen, damit sie sich in Ruhe fertig machen konnte. Schließlich hatte sie die meisten ihrer Mitschüler seit 25 Jahren nicht mehr gesehen und da wollte sie einigermaßen gut aussehen. Na ja, der Lack war sowieso ab, das mit dem Abnehmen hatte auch nicht geklappt. Wenigstens war sie beim Friseur gewesen. Ob man sie noch erkennen würde? Anna spielte nervös mit dem Anhänger ihrer Kette. Dabei sah sie in die Scheibe des kleinen Kastens, in dem sich die Speisekarte des Restaurants befand. Mit fahrigen Händen strich sie ihre Haare zurück und betrat dann mit gemischten Gefühlen das Lokal. Eigentlich war es ihr egal, was die anderen dachten, wenn da nicht Nico wäre, ihre erste große Liebe ...
Blöd, dass sie so spät war. Der Raum war schon gut gefüllt. Jetzt war es an ihr, alle zu begrüßen.
Als sie die Runde gemacht hatte, blieb sie am letzten Tisch hängen, an dem auch ihre beste Schulfreundin saß. Anna hatte sie sofort erkannt und merkte schnell, wie sehr ihr Marlies mit ihrer herzlichen Art all die Jahre gefehlt hatte. Sie beschloss, den Kontakt zu ihr nicht wieder einschlafen zu lassen. „Du hast aber eine schöne Kette, Anna!", sagte Marlies gerade.
Anna nahm den als Brillant geschliffenen Tropfen in hellem Lila, der in einem zarten goldenen Herzen hing, in ihre Hand. „Mein Mann hat sie mir zum 20. Hochzeitstag geschenkt!"
Marlies sagte anerkennend: „Dann muss er dich aber noch sehr lieben!"
Anna meinte trocken: „Und wie!"
Marlies lachte laut auf, weil Anna das Gesicht dabei wütend verzog. Schließlich stimmte sie in Marlies Lachen ein, hatte aber große Mühe, ihre Enttäuschung zu verbergen: Nico war nicht da.

„Immer noch die gleiche süße Lache, Anna!" Anna verschluckte sich am Wein, musste husten. Die Stimme hätte sie unter Tausenden erkannt. Nico klopfte auf ihren Rücken. Anna wandte sich mit Tränen in den Augen um, erhob sich und reichte ihm die Hand. „Danke, Nico!", stotterte sie und stellte mit zitternden Knien fest, dass Nico noch verdammt gut aussah.
„Du bist noch schöner geworden, Anna!" Er sah sie voller Leidenschaft an und flüsterte ihr ins Ohr: „Weißt du, dass ich damals total verliebt in dich war?"
Anna schüttelte heftig den Kopf, suchte wieder Halt an ihrer Kette. „Wie geht es dir, Nico?"
Nico war geschieden und flirtete den ganzen Abend mit Anna, die sich wie im siebten Himmel fühlte. Er gab ihr das Gefühl, noch immer begehrenswert zu sein. Sie strahlte von innen.
Als sie nach Mitternacht zusammen getanzt hatten, führte er sie ins Freie. „Mein Hotel ist gleich nebenan, Anna!" Sehnsüchtig sah er ihr tief in die Augen. Anna war hin- und hergerissen, spielte mit ihrem Anhänger. Nico berührte ihre Hände. „Ein sehr schöner Stein, ein Amethyst, nicht?"
Obwohl Nicos Berührung tausend Stromstöße in ihren Körper sandte, wusste Anna, dass sie jetzt nach Hause gehen musste. Mit zitternden Fingern strich sie ihm das Haar aus der Stirn und flüsterte rau: „Mach's gut, Nico! War schön, dich wieder einmal zu sehen. Bis zu unserem nächsten Klassentreffen!" Fluchtartig rannte sie zum Parkplatz. Das Herz klopfte ihr bis zum Hals, als sie nicht gleich ihren Autoschlüssel fand. Sie schaute sich um. Gott sei Dank: Sie war Nicos Verführungskünsten entwischt. Während sie in ihrer Handtasche wühlte, hörte sie ein seltsames Geschrei immer lauter werden. Sie sah zum Nachthimmel hinauf. Und da konnte sie die Vögel schemenhaft sehen. Es mussten Kraniche sein, die Anna so sehr liebte. Durch ihr „Trompeten" wurde Anna an ihre Hochzeitsreise erinnert. In Norddeutschland hatten sie und Jürgen vom Balkon ihrer kleinen Pension Hand in Hand die „Vögel des Glücks" bei ihrer Rast während ihres Fluges in den Süden beobachten können. Und Kraniche waren monogam, wie auch Störche und Schwäne ihrem Partner ein Leben lang verbunden.

Es wurde Frühling. Anna spürte es ganz tief in sich drin und konnte es kaum erwarten, nach Hause zu kommen, zu ihrem Mann und ihren Kin-

dern. Sie hatte Jürgen Unrecht getan. Er arbeitete nur so hart, um seiner Familie etwas bieten zu können. Und er hatte auch nichts dafür gekonnt, dass ein Kunde sich verspätet hatte und dann nicht „zu Potte" kam.
Bevor Anna den Wagen startete, fasste sie noch einmal an ihren Anhänger. Jürgen war so ein fürsorglicher Mann mit einem großen Herzen ... Beinahe hätte sie vergessen, was sie an ihm hatte.
Und manche Träume blieben sowieso besser unerfüllt ...

Gabriel Schütz
Natur der Sache

Deine Haare brennen im Wind, lüstern,
Löwenzahn tanzt.
Deine Haare brennen im Wind, lüstern,
und der Frühling rauscht um uns.

Deine Zehen brennen im Sand, träumend,
vom perfekten Strand.
Deine Zehen brennen im Sand, wissend,
dass der Winter kommt.

Deine seidigen Finger streifen
durch Kastanienlaub.
Und perlender Honig tropft
über rotäpflicher Haut.

Michelle Klemm
Geliebter Frühling

Ich liebe den Frühling.
Er fasziniert mich
nicht nur jedes Jahr
aufs Neue, sondern
jedes Jahr mehr.

Wenn die Knospen
an den Zweigen
immer dicker werden
und eines sonnigen Tages
ganz plötzlich aufplatzen
und heraus kommen
junge, liebliche Blätter,
dann geht mir
das Herz auf.

Geliebter Frühling,
bring wieder Farbe
in unser Leben:
strahlendes Weiß – Schneeglöckchen
frisches Grün – Birkenblätter
leuchtendes Gelb – Forsythie
intensives Rot – Tulpen
zartes Rosa – Kirschblüten
...

Du tust uns so gut!

Das Abendlied der Amsel
Birge Laudi

Es war ein Tag im März und ihre Stimmung war trübe.
Er sagte: „Schreib eine Geschichte; das hilft."
Die Idee gefiel ihr und sie setzte sich hin und schrieb. Es sollte eine Geschichte über den Frühling werden. Sie trug den Titel: Das Abendlied der Amsel. Im Morgendunst sang die Amsel auf dem Dachfirst. Ihr Gesang war fordernd. Ihm fehlt der Schmelz, den er in der Abenddämmerung hatte, wenn die Melodien die Herzen rührten, Sehnsucht und Erinnerung weckten. Morgens aber strotzten die Lieder von Kraft und Energie.
Die Katze schaute zur Amsel hinauf und ihr Schwanz zuckte im Jagdfieber. Doch sie gab sich gelangweilt: Pah, saure Trauben! Ich mag keine Amseln!
Wolken zogen auf. Es begann zu nieseln, doch unbeirrt sang die Amsel ihr Morgenlied. Die Katze rannte nachhause und tobte dort ihren Frust aus, biss und kratzte und schlug die Krallen in den Teppich: Amseln sind blöd! Amseln schmecken nicht!
Als sie fertig geschrieben hatte, gab sie ihm den Text. Er verzog das Gesicht und sagte: „Das ist eine Beobachtung, keine Geschichte. Gib dir Mühe."
Sie setzte sich wieder an den Schreibtisch und versuchte, sich Mühe zu geben.
Es war an einem Morgen im März. Die Katze schielte, Gier in den Augen, hinauf zum Dachfirst, wo die Amsel sang. Der Körper der Katze zitterte im Jagdfieber: Dich kriege ich schon noch, du Aas. Mir wird es nicht so gehen wie dem Fuchs mit den sauren Trauben!
Es begann zu regnen und der Gesang der Amsel versiegte. Die Katze rannte nach Hause und ließ dort ihrem Ärger freien Lauf. Sie war den Menschen mit ihrer schlechten Laune den ganzen Tag eine Last.
Als der Abend kam, hatte sich das Wetter beruhigt. Zum Tagesausklang saß die Amsel wieder auf dem Dachfirst und sang. Ihr Abendlied, sanft und schmelzend, rührte zu Tränen. Ihr war, als seien nicht 65 Jahre vergangen. Sie wurde wieder zu dem Kind, das aus der Kindheit nichts mitgenommen hatte, als das Abendlied der Amsel. Die Bomben hatten ihr

die Erinnerung genommen, die Siegermächte die Heimat, doch das Lied der Amsel war ihr geblieben.
Die Katze kam und setzte sich zu ihr. Sie war ganz Liebe und Friede und es war als lausche auch sie dem Gesang.
Als sie das geschrieben hatte, gab sie es ihm zum Lesen und wieder war er nicht zufrieden.
„Was soll das sein? Eine sentimentale Kindheitserinnerung? Du überlässt die Hauptrolle in der Geschichte nicht der Amsel. Einmal ist es die Katze und einmal bist du es. Versuch es noch einmal, schreibe eine Geschichte nur über eine Amsel."
Er hatte Recht und sie war verzagt. Eine Geschichte über eine Amsel? Sie wollte es versuchen.
„Amseln sind blöd", hatte er gesagt. „Sie singen einmal früh und einmal am Abend und das nur im Frühling. Den Rest des Jahres über machen sie nur Unfug. Sie keckern, sie scharren in den Beeten und sie zerrupfen Tulpen und Krokusse."
„Das stimmt schon alles", sagte sie. „Aber sie singen doch so schön."
„Andere Vögel singen auch schön und picken nicht Erdbeeren und Weintrauben an. Die Amseln sind Schädlinge."
Dagegen ließ sich nichts sagen, denn er hatte nicht die gleiche Erinnerung an den Gesang der Amsel wie sie.
Die Amsel auf dem Dachfirst war ein Männchen. Sein gelber Schnabel bewies es und sein ganzes Gehabe: Ein wenig zu laut und rüpelhaft und sofort zum Kampf bereit, tauchte ein anderes Männchen auf. Das beste Brutgebiet hatte er erobert; bis auf die Katze. Dieser aber hatte er mit seinem Geschrei das Fürchten gelehrt und schoss er im Tiefflug über sie hinweg, dann hatte er den Garten wieder für sich allein.
Noch weit mehr ließe sich über den Amselmann erzählen - das aber sei keine Geschichte, würde er sagen, und so mühte sie sich weiterhin.
Sie könnte den Amselmann sterben lassen. Dafür gab es viele Möglichkeiten, angefangen vom Ablauf der Lebensuhr bis hin zu einem Überraschungssieg durch die Katze, oder gar der Tod an der Windschutzscheibe eines Autos. Nein, die Amsel sollte nicht sterben, damit es eine Geschichte wurde. Sie wollte nichts, als den häufig wechselnden Kadenzen und Liedern der Amsel zu lauschen. Sang sie frühmorgens anders als am Abend? Waren es jeden Tag die gleichen Lieder? Sang der Amselmann bei Regen andere Melodien als im Sonnenschein? Sie wusste es nicht, setzte sich auf die Bank vor dem Haus, hing den Erinnerungen nach und

lauschte den Gesängen des Amselmannes, der damit ein Weibchen anlocken wollte: Komm hier her, sang er. Im Efeu ist der beste Brutplatz! Bei seinem Gesang verlor sie sich in der Vergangenheit. Sie stand wieder auf der Terrasse und die Amsel sang. Sie sang, als die Bombergeschwader am Himmel vorüber flogen und sie sang als sie wieder kamen. Und dann sang die Amsel nicht mehr. Die Bomben hatten das Haus getroffen und sie verlor ihre Erinnerung. Nur das Abendlied der Amsel war ihr geblieben.

Die Amsel sang das ganze Frühjahr über. Eine Amselfrau erlag dem Werben und sie legte Eier in das Nest im Efeu: Ein Happy End. Eine richtige Geschichte aber wollte aus dem Gesang der Amsel nicht werden.

Angelika Pöhlmann

Aus des Baumes Bett
Da keimt erneut die Glut
Es saftet in der Wurzel
Aus nackt bedeckten Zweigen
flammt's Blättlein noch so zart

Wie stolz er da steht
dieser Baum
Vom Frühling übermannt

Fast stößt er
mit den Wipfeln an
an's blaue Firmament
und sein Geäst
im warmen Frühlingslicht
wirft Schatten auf die Wiese

Dort wo in nobler Blässe
der erste Krokus blüht

Sieglinde Seiler
Kuss des Frühlings

Wenn Charmeur Frühling
mit seinen weichen Lippen
eine Blume sanft berührt
und sie in ihrer Blumenseele
seine strotzende Kraft
des neuen Werdens verspürt,
dann setzt sie bestimmt
all` ihre strahlende Schönheit
und den süßen Duft ein
und will von Bienen, Hummeln
und anderen Insekten
besucht und bewundert sein.

Martina Lukits-Wally
Barfuß in Nizza

Barfuß in Nizza.
An meinen Füßen
kühles Wasser der Springbrunnen,
grüne Blätter auf dem Blumenmarkt,
kleine Steinchen auf dem Schlossberg,
grauer Staub auf dem Boulevard des Anglais.

Barfuß in Nizza.
Ein märchenhafter Traum
der großen, weiten Welt
an der Cote d' Azur.
Doch für mich Wirklichkeit
an einem Tag.

Vier Jahreszeiten in Bad Breisig am Rhein

Rheinhotel, das Hotel für **jede Jahreszeit**: Die sanften Wogen des Rheins vor Augen, die geschwungen Hügel des Mittelrheintals im Rücken und eine angenehme Brise frischen Windes im Gesicht.

Das ist das Rheinhotel „Vier Jahreszeiten" in Bad Breisig.

Direkt am Rande der historischen Altstadt und mit bestem Blick auf den Rhein erwarten Sie 170 großzügige Hotelzimmer, 14 Veranstaltungsräume für bis zu 550 Personen, 11 Ferienwohnungen, 2 Restaurants und viele Überraschungen mehr.
Hier finden Sie Entspannung pur.

Nicole Schnetzke
frühlingserwachen

der schneeglöckchenatem
leise schon zu hören
erwacht was lange schlief
aus einem traum
im eisblumenbett
nachdem der frühling rief

der eiskuss
nur noch ein abschiedsgeschenk
des winters der nun geht
von weitem schon
der frühling lockt
und sämtliche sinne umweht

der lebenshauch
jetzt frisch erblüht
malt er mit bunten farben
tief in die herzen
freude ein
und nimmt die winternarben

frühlingsblut
so warm und süß
beginnt in allem zu fließen
und lässt
man spürt es deutlich schon
gedankenblüten sprießen

der regenchor
nie ganz verstummt
sein lied sich oftmals lohnt
dem herzen
dies nichts anhaben kann
in dem der frühling wohnt

Regina Schleheck
Frühlingsqualen

Frühling, halt doch mal den Rand!
Tiefe, abgrundtiefe Klüfte
Reißt er auf mit grober Hand
Tief in mir. Und schon
Spüre ich beklommen,
Ach, den feinen Sehnsuchtston,
Frühling, nimmermehr vermisst,
Dir wollt' ich entkommen!

Liliana Kremsner
Wo der Frühling blüht

Die Kraft der Wonne rüttelt an der Welt
des tiefen Schlafs, gehüllt in Schnee und Eis
und jenem Traum, aus dem sie Wege weist
zum Sonnenlicht, das jedes Eck erhellt

und öffnet alle Poren durch den Hauch
des warmen Strahls, der streichelt deine Haut
und dringt ins Innere so sanft, doch laut,
dass Schmetterlinge aufflattern im Bauch

mit tausend Flügeln, welche steigen hoch
zum Himmel, während Herz dein schneller pocht,
berührt doch ebenso von dem Gemüt

der grünen Welle, die dich schüttelt wach
und zaubert bunte Knospen, Blatt für Blatt
in deinem Herzen, wo der Frühling blüht.

Der „zweite" Frühling
Stephanie Werner

Nachdem sich der Oktober ein paar Tage von seiner goldenen Seite mit strahlendem Sonnenschein und klarer Luft gezeigt hat, ist nun das triste Herbstwetter eingetreten: Nebel, Regen von morgens bis abends, kurzum, die Welt scheint eingehüllt in einen schweren grauen Mantel zu sein. Bereits am zweiten Tag sind wir dieses Wetters überdrüssig, es schlägt sich auf die Stimmung nieder und das ständige Öffnen des Schirmes, ohne den wir keinen Schritt vor die Tür setzen können, nervt. Doch in diesem Jahr werden wir dem Herbst eine Weile entfliehen und fahren an einem kühlen Freitagabend zum Flughafen.

Rund zwanzig Flugstunden später steigen wir in Tasmanien, einer Insel südlich von Australien, aus dem Flugzeug und befinden uns mitten im Frühling. Dass hier die Natur gerade erst erwacht, ist bei unserer Rundreise über die ganze Insel wunderbar zu erkennen. Immer wieder führt unser Weg an Obstplantagen vorbei, wo die Bäume in voller Blüte stehen. Die Vorgärten der Häuser erstrahlen in ihren eigenen, unterschiedlichen Farbkompositionen.

Während vor dem einen Haus das Blau der Vergissmeinnicht und Männertreu mit dem Weiß der Margeriten und dem Lila der Polarsterne konkurriert, strahlen bei einem anderen rote Geranien und Rhododendren um die Wette.

Zahlreiche blau und rosa blühende Sträucher, deren Arten uns unbekannt sind, verwandeln die Straßenabschnitte in ein prächtiges Blütenmeer und selbst an den Straßenrändern blühen oftmals wilde Blumen und leuchten in sonnigem Gelb. In der Luft liegt der Geruch dunkellilafarbenen Flieders, der Duft des Frühlings.

Trotz der meist erst sechzehn bis achtzehn Grad an überwiegend sonnigen Tagen, ist zu erkennen, dass die Menschen hier ebenfalls aufblühen: die Frauen tragen luftige Sommerkleider, die Männer Shorts und die Terrassen der Cafés sind gut besucht mit fröhlichen Menschen.

Welch ein Gegensatz zu dem tristen Herbst, den wir in Deutschland hinter uns gelassen haben, in dem wir schon warme Kleidung tragen mussten, alles Verblühte auf den Komposthaufen befördert haben und die Natur in den Winterschlaf übergeht!

Wir werden von der Atmosphäre des intensiven Frühlings angesteckt und gehen nach dieser Reise in den für uns zweiten Frühling dieses Jahres mit neuer Energie in die dunkle Jahreszeit.

Jochen Stüsser-Simpson
Frau Winter will bleiben

Ich werde dich bannen mit meinen Gletscheraugen.
Nur das Blaue wird bleiben.
Aus meiner Polar-Lunge atme ich kalte Luft in dein Gesicht.
Ich blase dir warme Düfte um die Nase.
Ich bringe Frost auf deine Lippen.
Küss mich, ich werde sie tauen.
Ich bin cool, ich umfange dich mit Eiseskälte.
Das reizt mich auf, ist schneidend, geil.
Du wirst gestöbert und verschneit, dass du nichts mehr sehen kannst.
Dann taste ich mit warmen Fingern deine weißen Wangen.
Ich bin fest und schön und bleibe.
Du bist schön. Aber ich werde dich auflösen und schmelzen.
Du liebst mich nicht.
Ich liebe dich, aber die Liebe duldet kein Weißes.

Anika Wieland
Krokosduft & Vogelgezwitscher

Menschen, habt ihr's nicht vernommen?
Der Frühling wird bald kommen!
Und seht ihr nicht in dessen Tanz,
Den neu entstehenden Farbenglanz?
Die Tiere fangen an zu krabbeln,
Das Gras unter der kalten Decke
Fängt auch schon an, sich zu strecken
Und ein leichter Wind saust durch die Pappeln.

Im Wald zwitschern die Vögel galant,
Die Wolken bilden am Himmel ein weißes Band.
Dahinter kann man schon erahnen,
Die Sonne, mit ihren ersten Strahlen;
Kinderlachen auf den Straßen erwacht,
Und die Bäume mit ihren Blüten,
Und die Damen mit ihren Hüten,
Zeigen sich in der schönsten Pracht.

Die Bienen summen schon und die Weidenkätzchen,
der Mensch sucht sich für den Frühling ein Schätzchen.
Und in der sich erwärmenden Luft,
Liegt ein Anflug vom frischen Krokusduft.
Amseln bauen sich ein Nest;
Jeder freut sich nach dem Winter
Auf die neugeborenen Kinder;
Seht! Die Frühlingsgefühle machen sich fest:
Wie schön ist doch das Grün
Nach der langen Winterzeit,
Wenn wir uns freu'n, wenn die Bäume blüh'n.
Schneeglöckchen kratzen an der Oberfläche,
Frisches Wasser sammelt sich in den Bächen.
Und scheu, wenn auch noch gerne,
ruft die kleine Meise, aus der Ferne:
Hört ihr Menschen; Der Frühling macht sich bereit.

Helgard Pohlmann
Frühlingsanfang

Riechst du diese milde Luft?
Himmlisch berauschender Frühlingsduft.

Hörst du die vielen Vöglein singen?
Ihr Lied lässt mein Herz freudig springen.

Siehst du diesen zarten Traum?
Bunt durchwirkter Blütensaum.

Schmeckst du die Sonne im Gesicht?
Wohltuende Wärme, helles Licht.

Spürst du, wie die Erde sich neu belebt
und in tanzendem Frühlingstaumel schwebt?

Die Natur erweist uns mit ihrer Pracht
des Lebens allergrößte Macht.

Komm, lass uns das Göttliche sehen
und dem Wunder entgegen gehen.

Christian Stielow

Auf der Obstwiese
Rosa-weiße Blütenpracht
Tautropfen im Licht

michael starcke
das kann der frühling sein

das kann der frühling sein:
das zärtliche bild am frühen morgen,
wenn der blick am rand
des stillgelegten gleises
das regnen weißer blüten
entdeckt und helles grün.

das kann der frühling sein:
ein gefühl, ein liebesbett,
eine schwere,
die wiederkehrend schwindet,
das leichte kleid anmut.

man geht mit dem eindruck,
als schwebe man
am rand großer straßen,
gegrüßt vom blühen
naher parks.

oder von osterglocken,
gepflanzt von städtischen
mitarbeitern.

das kann der frühling sein:
der eigentümliche wunsch,
wenn man sterben soll,
jetzt zu sterben.

aber auch das:
die lautstarke stimme,
die ins fest ans ohr gedrückte
handy spricht im rollenden bus:
bist du böse? ich wollte dir nur sagen,
dass ich dich tolle liebe, mein engel!

Daniel Kai Grassl
Primavera

Winterende - Sommergruß!
Spiel von Licht und tausend Farben.

Sonnenlicht und Frühlingswonnen
vertreiben Ernst und Grau der Winterzeit.

Die ersten Krokusse sprießen aus dem Boden,
und die Schlüsselblumen blühen wieder neu.

Die Natur schmückt sich,
und bereitet sich vor:

Bald, hin zur Sommermitte,
trägt sie wieder,
ihr prachtvolles reiches Festgewand.

Nach nur wenigen Tagen ist der Winter vergessen -
wie ein Spuk, der nicht gewesen ist.

Steffi Friederichs

Knospen springen auf,

Kokons aus Blütenblättern—

ein Schmetterlingstraum.

Ramona Stolle
Frühling im Herzen

Freudig bin ich aufgewacht
Rufe, weil das Herz mir lacht
Über Hof und Haus hinaus:
Heut' kehr' ich den Winter aus!
Lachen will ich wie ein Kind
In den sanften Frühlingswind
Noch mal mit dem Herzen seh'n
Gaben der Natur versteh'n

Immer wieder farbenfroh
Malt der Frühling einfach so

Himmelblau und violett
Eine Mischung sehr adrett
Rosarote Symphonie
Zauberhafte Harmonie
Einfach glücklich machst du mich
Naher Lenz, ich grüße dich!

Der Kuckuck
Dörte Müller

Die alte Frau saß in ihrem Schaukelstuhl am Fenster und starrte hinaus. Sie hieß Alma und hatte ihre weißen, dünnen Haare stets zu einem Dutt hochgesteckt. Eine altmodische Kuckucksuhr hing an der Wand und tickte unermüdlich, im Radio dudelte leise irgendeine Volksmusik. Der kleine Kanarienvogel zwitscherte und flog in seinem Käfig hin und her. Die alte Frau war froh über den Vogel. Er hatte so etwas Lebendiges und Fröhliches.
Heute tat ihr alles weh – es schien kein guter Tag zu werden. Vor einigen Tagen war sie 93 Jahre alt geworden. Der Pastor kam vorbei und ihre Tochter. Das war alles sehr anstrengend und nachdem die beiden Gäste gegangen waren, musste sie sich wieder hinlegen. Manchmal wachte sie mitten in der Nacht auf und wusste nicht, ob es nachmittags oder abends war. Sie war durcheinander und einsam. Vielleicht hätte sie doch vor fünfzehn Jahren in das Seniorenheim ziehen sollen – aber sie hing an ihrer Wohnung. Fast 60 Jahre hatte sie hier gelebt – ihre Kinder groß gezogen, ihre Enkel betreut und eine mehr oder weniger glückliche Ehe geführt. Aber das war alles schon so lange her – sie konnte sich fast gar nicht mehr erinnern. Nur die vergilbten Fotos, die schief in dem großen Bilderrahmen hingen, erinnerten noch an diese Zeit voller Leben und Freiheit. Ihre Freiheit hatte sie schon lange verloren. Sie konnte nicht mehr die vielen Treppenstufen bis in den vierten Stock hinauf gehen, es waren einfach zu viele. Einen Fahrstuhl gab es nicht. „Die Treppen halten mich fit!", hatte sie immer lachend geantwortet, wenn ihre Kinder sie überreden wollten, in ein Altersheim zu ziehen.
Als sie achtzig war, hatte sie sich einen Hocker in den Flur des zweiten Stocks gestellt. Da machte sie dann immer eine Pause und ruhte sich aus. Doch selbst das war ihr jetzt zu viel.
So führte sie seit vielen Jahren ein einsames Leben in ihrer Wohnung hoch oben im vierten Stock.
Wenn sie aus dem Fenster blickte, konnte sie weit unten die Straße sehen. In der Siedlung war immer viel los: Mütter brachten ihre Kinder

zum Kindergarten, Schulkinder liefen mit ihren leuchtenden Ranzen auf dem Bürgersteig entlang und mittwochs kam die Müllabfuhr.
Früher hatte sie viele Leute hier gekannt, die Namen der Kinder, die Nachbarn. Doch in den letzten Jahren waren viele Leute ein- und ausgezogen, irgendwann hatte Alma den Überblick verloren.
Wenn es 12 Uhr war, klingelte plötzlich der Essenslieferant. Alma freute sich jedes Mal über die kleine Abwechslung, doch der Mann wirkte immer sehr gehetzt und hatte kaum Zeit für ein kleines Gespräch. Das Essen schmeckte ihr schon lange nicht mehr, sie ließ immer die Hälfte über. Ihre Tochter, die jeden Freitag Lebensmittel vorbeibrachte und die Reste sah, schimpfte mit ihr.
Alma schloss die Augen. Ein Sonnenstrahl kitzelte ihre Nase. Der Frühling stand kurz bevor – wieder ein Frühling, den sie nur in ihrer Wohnung erleben konnte. Sie stand schwerfällig auf und öffnete ihr Fenster. Ein frischer Luftzug wehte herein und brachte den Duft von Blumen und Leben mit sich. Eine Biene hatte sich in der Wohnung verirrt und flog brummend gegen die Fensterscheibe. Kinderlachen und das Geräusch eines vorbeifahrenden Autos drangen an ihr Ohr. Irgendjemand mähte den Rasen.

Alma stand plötzlich auf einer Blumenwiese. Sie war barfuß und lief mit ihren Freundinnen um die Wette. Ihre langen Zöpfe flogen im Wind, die Mädchen hatten Blumenketten im Haar.
„Alma, nicht so schnell!", rief ihre Freundin Emma. Außer Atem ließen sich die Mädchen auf die Wiese fallen. Sie legten sich ins Gras zwischen die Blumen und starrten in den blauen Frühlingshimmel. Weiße Federwolken zogen vorbei und die Zeit schien still zu stehen. Ein Schmetterling setzte sich auf Almas Nase und flog dann mit leichten Schwingen davon.

Plötzlich drangen laute Kuckucksrufe an ihr Ohr. Ungewöhnlich laut und eindringlich. Alma schreckte auf und musste sich erst einmal besinnen. Wo war sie eigentlich? Dann fiel ihr Blick auf den Kuckuck, der gerade wieder hinter der Tür seines kleinen Hauses verschwand. Alma dachte zurück an ihren Traum und lächelte. Sie wusste auf einmal, dass sie den Frühling im Herzen trug.

Fabienne Schiller
Frühling im Herzen

Der Schnee, der schmilzt; die Sonne, die taut,
der Gedanke an Wärme lässt verführen.
Wenn die grüne Knospe in die Welt schaut,
kann man schon die Urlaubslust spüren.

Tiere erwachen aus dem Winterschlaf,
die Vögel legen fleißig Eier.
Das Eis schmilzt langsam runter vom Bach,
auf den Seen sieht man wieder Reiher.

Die schlechte Laune ist endlich vorbei,
genauso wie das ständige Frieren.
Man fühlt sich wieder aufgetaut und frei,
und lässt sich von der Freude führen.

Doch leider fängt der Winter erst an,
mit all seinen Qualen und Schmerzen.
Doch wir gehen gut gestimmt voran,
schon mit dem Frühling im Herzen.

Regina Brass

Laut
Der Vogelgesang
Spaziergang im Regen
Verliebte Paare suchen Schutz
Frühling

Nils Hofmann
Zugvögel

Gegrüßt seid ihr zurück, so lange, lange wart ihr fort.
Hab so vermisst doch eures Flügels schlagen.
So oft geträumt in dunklen Tagen.
Nun seid ihr doch zurückgekehrt.

Den lauen Wind uns mitgebracht, der wiegt nun treibend Grün.
Erwachen nun in allen Tagen,
es stürmt und drängt,
es singt und strahlt,
Nester bauend, werbend, jagend.
Die dunkle Schwere weit entfernt.
Frei und leicht sind doch die Frühlingstage
und alles in Betriebsamkeit.

Welch zauberhafter Blütenatem, der Glück in uns entfacht.
Fast denkend die Seelen Flügel haben, wenn Frühling sie umfasst.

Yasemin Sezgin
Danza

Töne einer zarten Melodie
die all die Tänzer
aus ihren Verstecken lockt
von ihrer Starre befreit
und den Tanz
im schwachen Lichtschimmer
langsam erblühen lässt
zu seiner vollen Pracht
und Vollkommenheit

Frühlingserwachen
Christiane Spiekermann

Anna hat heute einen schlimmen Tag. Gott, ist sie die Quälerei leid. Manchmal wünscht sie sich heimlich das Ende herbei. Sie schleppt sich ins Bett und will schlafen, nur schlafen.
Je mehr Chemobehandlungen sie erhält, desto schlechter geht es ihr.
„Mama, schläfst du?" Auf Zehenspitzen schleicht Basti ins abgedunkelte Schlafzimmer.
„Komm ruhig rein, ich bin nur ein bisschen müde."
„Wann bist du denn wieder gesund? Vorhin am Telefon ... Oma hat geweint. Sie weiß nicht, was sie machen soll, wenn du nicht mehr gesund wirst. ... Mama, musst du sterben?"
„Ach, Basti, was du dir Gedanken machst ... Die Ärzte tun alles für mich, damit ich wieder gesund werde. Wir müssen nur fest daran glauben ... Du kannst mir dabei helfen. Willst du ganz, ganz fest daran glauben? Versprichst du es mir?" Anna unterdrückt die aufsteigenden Tränen.
Basti nickt, die dunklen Augen angstvoll geweitet. Seine kleine Hand schiebt sich in die ihre.
„Versprochen – ehrlich!"
„Prima! Wir schaffen das gemeinsam, du wirst sehen."
Ihr Herz ist schwer. Sie selbst hat keine Hoffnung mehr. Ihr fehlt die Kraft. Aber das kann sie ihrem kleinen Sohn nicht erzählen.
Das ständige Grau in Grau der winterlichen Witterung und das Schneematschwetter spiegeln ihr Befinden wieder. Die meiste Zeit verbringt sie im Bett. Nur wenn Basti aus der Schule kommt, nimmt sie alle Kraft zusammen und steht mittags zur Begrüßung in der Haustür.
Heute muss sie warten. Er ist nicht pünktlich. Dann endlich biegt er um die Ecke, beide Hände auf dem Rücken versteckt, die Mütze schief auf dem dichten blonden Schopf. „Hier", sagt er, „für dich."
„Für mich? Ein Geschenk?"
Basti nickt.
„Wegen unserer Abmachung ... In dem Blumentopf ist was drin. Aber was, das weiß man erst im Frühling. Du musst nun unbedingt gesund werden, dann kannst du es sehen ... versprochen?"

„Versprochen!" Ob er merkt, wie zittrig ihre Stimme klingt? Verstohlen wischt sie die Träne von der Wange. „Ich werde es versuchen."
„Versuchen ist nicht genug! Dann kriegst du den Topf nicht."
„Du hast Recht. Stell ihn hier auf die Fensterbank, damit ich ihn immer sehen kann."
Dieser Winter, der Schlimmste ihres Lebens, scheint nicht enden zu wollen. Und immer, wenn Anna des Kampfes müde ist, sieht sie den Blumentopf, der sie an den unbändigen Willen ihres Sohnes erinnert, an seine unerschütterliche Hoffnung, dass sie wieder gesund werden wird. Sie darf ihn nicht enttäuschen. Dieser Gedanke gibt ihr immer neue Kraft. Jede neue Behandlung wirft sie wieder um und lässt sie verzweifeln. Doch sie sieht, wie Basti regelmäßig, behutsam die dunkle Blumenerde begießt, beharrlich. Er vergisst es nie.
Die ersten Monate im neuen Jahr bringen eine Wende: die Schneeschmelze setzt ein, die Tage werden wieder länger, die grimmige Kälte weicht einer milderen Luft. Anna übersteht die letzte Chemotherapie, die Ärzte machen ihr voller Hoffnung Mut, ihre Blutwerte sind besser, sie fühlt sich mit jedem Tag stärker. Sie kann wieder essen.
Und dann, eines Morgens: „Mama, sieh her! Da kommt was!" Tatsächlich, eine winzige grüne Spitze reckt sich aus der Blumenerde ans Tageslicht. Anna nimmt Basti in den Arm. Welch eine Freude!
Nun steigt sie jeden Tag aus dem Bett, um nach der Pflanze zu schauen. Tag für Tag sprießen mehr Sprossen hervor, genau wie ihre dunklen Haare. Sie wachsen schnell. Anna muss sich mit dem Gesundwerden beeilen.
Eine milde Luft streicht über Annas Wangen und lässt den nahen Frühling erahnen. Die wärmende Sonne hat nicht nur ihren bleichen Teint leicht gebräunt in den letzten Tagen, sondern scheint auch mit jedem Strahl neue Kraft in ihre Adern zu leiten. Anna genießt ihre Mittagsstunden vor dem geöffneten Fenster im Wintergarten.
Und dann kommt tatsächlich der Tag, an dem Mutter und Sohn vor dem Schlafzimmerfenster stehen. Die Frühlingssonne hat auch hier gezaubert und wunderschöne dunkelrote Tulpen in dem Blumentopf zum Leben erweckt. Anna nimmt den kleinen Basti ganz fest in ihre Arme.
„Danke Basti", murmelt sie in seine Haare. „Danke, dass du nie aufgehört hast, mir Mut zu machen und immer mit all deiner Liebe und unerschütterlichem Glauben die Blumen gegossen hast."

Und beide sind froh, dass dieser Winter vorbei ist. Denn jedes Jahr erweckt der Frühling alles wieder zu neuem Leben, das scheinbar erloschen den Winter überdauert hat.

Antje Steffen
Frühlingsduft liegt in der Luft

Riechst du diesen süßen Duft?
Ist die reinste Frühlingsluft.
Blumen fangen an zu blühen.
Ist, als ob die Beete glühen.
Tulpen, Krokusse, Narzissen!
Wer möchte die jetzt noch missen?
Bäume werden wieder grün.
Kirschbaum fängt schon an zu blühen.
Alles ist jetzt neu und frisch.
Sträuße schmücken unseren Tisch.
Die Natur ist aufgewacht.
Man könnte denken über Nacht.
Alle zieht es jetzt hinaus.
Freude weht durch jedes Haus.
Vögel zwitschern munter.
Gärten werden bunter.
Bald schon werden Nester gebaut.
Eier darin gut verstaut.
Bienen summen auch herum,
bringen uns Honig, gar nicht dumm.
Tage werden wieder hell.
Winter, der verzieht sich schnell.
Fröhliche Menschen überall.
Im Schrank verschwindet jetzt der Schal.
Frühlingszeit ist endlich hier.
Lieder singen fröhlich wir.

Thomas Stein
Silbern

glitzern die
Wellen der Förde
durch frisches
Buchengrün.
Die Sonne dringt,
bis auf den
Teppich aus
Buschwindröschen
zu unseren Füßen
und auf unsere
Gesichter, die sich
nach jedem Strahl
sehnen.

Niko Sioulis
Bienchen und Blümchen

Bunte Blumen, Gräser sprießen;
Willkommen Land, in dem Milch und Honig fließen.
Das Leben erwacht aus tiefem Schlaf,
auf der Weide erneut das Schaf
lässt sich das farbenfrohe Leben schmecken.
Wenn Kälte und Schnee sich verstecken,
Bunte Wiesen die Welt bedecken,
dann erwacht des Menschen Gefühl,
und davon nicht wenig, mehr viel.
Dann hören wir die Vögel singen,
dann wollen wir ins Wasser springen,
denn es bleibt wie es ist;
schön wird es, wenn wieder Frühling ist.

Elisabeth van Langen
Frühlingssonne

Sacht erwärmt mich heut ihr Strahl,
meine tiefgefrorene Seele lacht.
Kein Eiseshauch mehr um mich hin,
nur noch sanftes Aufblühen über
Nacht. Der Winter wandert weiter
im Jahreszeitenrad und was mich
jetzt erheitert ist des Lenzes Macht.
Strahle sanfte Sonne, strahle heut
für mich, lass mich erleben deine
Wonne und zaubere ringsum
bunte, schöne Blütenpracht.

Frühlingsdüfte
Angie Pfeiffer

Es ist wieder so weit: Die Tage werden länger, die Luft ist lau, auch die Sonne lässt sich immer öfter blicken, hat nach dem kalten Winter wieder Kraft und wärmt die in Winterkälte erstarrte Erde wohlig auf. Das erste zarte Grün wagt sich an die Oberfläche, Bäume und Sträucher räkeln ihre Äste und Zweige der milden Frühlingssonne entgegen.

Für uns Menschen duftet es verheißungsvoll nach Frühling, nach den ersten Knospen und bald in ihrer ganzen Pracht stehenden Blüten. Ein Versprechen auf Wärme und laue Abende.
In der Tierwelt sieht das etwas anders aus: Dackelrüde Murphy steckt prüfend die Nase in den Wind, denn die Luft ist geschwängert von den wunderbarsten und zugleich verwirrendsten Düften. Gleich um die Ecke geht es los, denn auch seine Lieblingsblondine, duftet verlockend. Das Retriever-Mädchen Lori wohnt nebenan und betört ihn besonders im Frühling. Murphy seufzt vernehmlich, denn obwohl die Angebetete nicht abgeneigt ist, bekommt er keine Chance. Nicht nur, dass des Dackels Frauchen alle Ausbüxversuche im Keim erstickt auch Loris Herrchen passt auf wie ein Schießhund. Wie ein Fels steht er zwischen ihr und Murphy, bereit den liebeskranken Rüden schon beim kleinsten Annäherungsversuch in die Flucht zu schlagen. Was bleibt dem bedauernswerten Dackel da übrig, als sich mit seinem Lieblingskissen zu trösten. Wenigstens ist das immer parat, wird nicht bewacht und zickt nicht im entscheidenden Moment herum! Murphys Mitbewohnerin, das kleine Dackelmädchen Emma, schaut ihm interessiert zu. Mit ihrem einen Lebensjahr kann sie nichts mit seinen Aktivitäten anfangen, doch was er da treibt scheint sehr viel Spaß zu machen! Sie beschließt es auch einmal zu versuchen. So ergattert Emma in einem unbemerkten Augenblick das Objekt der Begierde und bewegt sich genau so, wie der völlig verblüffte Rüde. Allerdings dauert seine Verblüffung nicht lange. Mit einem Hechtsprung stürzt er sich auf das Kissen und verausgabt sich nun seinerseits an der gegenüberliegenden Ecke.
Das Frauchen der Beiden muss bei diesen Aktivitäten laut lachen, denn das Dackelmädchen ahmt Murphy nach, allerdings ohne den gewünschten Erfolg. Nach einiger Zeit gibt es frustriert auf.
Was immer dem Rüden einen solchen Spaß macht, für Emma ist das völlig unwitzig.
Bleibt noch nachzutragen, dass Lisa, die Katze, sich das Spektakel aus der Distanz betrachtete. Sie saß auf der Kommode im Flur, putzte sich und Frauchen hätte schwören können, dass sie sich irgendwann mit der Pfote an die Stirn tippte, was kein Wunder ist, denn die Katze ist schon vor langer Zeit kastriert worden …

Frühling im letzten Abteil
Silvana E. Schneider

Er läuft. Läuft, so schnell er kann. Fast hätte er sie heute verpasst, die Bahn, ihre Bahn. Auf die letzte Sekunde schafft er es gerade noch. Schwer atmend lehnt er an der Trennwand, jetzt ist es gut, er hat es nicht mehr eilig. Sie sitzt im letzten Waggon, im letzten Abteil, seine Zauberfee.
Seit er sie das erste Mal am Bahnsteig gesehen hatte, nannte er sie so. Zauberfee. Alles war dieses Wort für ihn: ihr weiches Haar, ihre zarte Silhouette, alle Hoffnungen seiner erwachenden Sehnsüchte.
So unauffällig wie möglich hatte er seitdem ihre Nähe gesucht, sich in gebührendem Abstand auf dem Bahnsteig hinter sie gestellt, um sie, wenigstens von Ferne, betrachten zu können. Viele Leute warteten mit ihm auf den Zug, da fiel es nicht weiter auf. Bald hatte er herausgefunden, mit welcher Bahn sie wieder zurückfuhr. Wie zufällig setzte er sich auch bei der Heimfahrt stets in ihre Nähe, es war das Highlight seines Tages. War sie morgens einmal nicht da, machte ihn das unendlich traurig, verdunkelte ihm den Tag. Er konnte sich nicht konzentrieren und grübelte immer nach einem Grund für ihr Fehlen. Vielleicht war sie krank, oder hatte den Zug verpasst. Hoffentlich würde sie am nächsten Tag wieder am Bahnsteig stehen. Er meinte, es sonst nicht überleben zu können. Und wenn sie wieder da stand, raste sein Herz vor Freude. Inmitten all der Leute umhüllte sie ein Licht, das nur er sehen konnte.
Sein Atem geht jetzt ruhiger, er lächelt. Im letzten Abteil sitzt meine Zauberfee, singt es in ihm. Heute ist ein besonderer Tag. Heute will er mutig sein. Er wird sich direkt zu ihr setzen. Nicht wie sonst, ein, zwei Sitzbänke weiter um sie anzusehen, ihre Nähe zu genießen. Nein, heute wird er sich ihr gegenüber hinsetzen. Trotz aller Aufregung zwingt er sich, den fahrenden Zug, so langsam wie möglich, zu durchqueren. Drittletztes Abteil, vorletztes, letztes ... Sein Herz rast. Er spürt, wie seine Hände feucht werden.
Da ... er kann sie sehen. Sie schaut in ein Buch, das ist gut. Das ist sein Glück, sonst hätte er sich vielleicht nicht getraut. Nun steht seinem Vorhaben nichts mehr im Weg. Rasch und entschlossen wird er sich ihr gegenüber hinsetzen.
Bloß nicht ansehen, sie jetzt nicht ansehen. Ich muss einfach gehen und

mich setzen. Dann aus dem Fenster schauen. Ja, das ist gut. Seitlicher als nötig schiebt er sich – merkwürdig verrenkt – auf den Sitzplatz gegenüber dem lesenden Mädchen.

Während er angestrengt aus dem Fenster starrt, überschlagen sich seine Gedanken: Hoffentlich empfindet sie es nicht als aufdringlich, dass ich mich zu ihr gesetzt habe, schließlich ist weit und breit alles frei. Wenn sie aufsteht, sterbe ich. Wie gut sie riecht. So nah war ich noch nie bei ihr. Ob sie mich wahrnimmt?

Das Mädchen lächelt. Oder träumt er das? Nein, ein fast unmerkliches Lächeln liegt auf ihrem Gesicht. Ihr Blick wandert zu ihm, ruht kurz auf seinen Knien, streift seine karierte Jacke, erreicht sein Gesicht.

Das ist zuviel für ihn. Rasch saugen seine Augen sich wieder an die Scheibe, diesen Blick hält er nicht aus. Blut schießt ihm in den Kopf, alles in ihm jubelt: Sie hat mich angelächelt, mich! Großer Gott, sie hat mich wahrgenommen, mich, mich. Himmel, diese Augen. Meine Güte ist das Leben schön.

Siegrun Bock
Die Tulpe

Leichtfüßig einem Faune gleich
Streift er den taufrischen Morgen,
Da sieht er sie unten am Teich
Hinter dem Kirschbaum verborgen.

Erhobenen Hauptes so steht sie da,
Sie zieht ihn an, er kommt ihr nach.
Er wispert und säuselt,
Wie sollte sie da widerstehn.
Sie lässt es geschehn
Und wollt er sie brechen,
Sie gäb sich ihm hin,
Doch der launische Wind
Hat längst andres im Sinn.

Thorsten Trelenberg
Frühling kommt

Wenn er dann kommt
Der Frühling

Tief in den wunden
Knospen
Höre ich schon sein verborgenes
Rauschen

Wenn er dann kommt
Der Frühling

Den Fuchs aus seiner
Einsamkeit
Das Eis aus seiner
Gefangenschaft
Erlöst

Wenn er dann kommt
Der Frühling

Brauchen die Worte
Kraft

Petro Trudie Lotz-Albrecht

Frühlingswunder	**Spring miracle**
Fröhlich zwitschernde Vogelschar	The birds are singing in the air
Primel hier und Primel da	Primula here, primula there
Diese Gartenfläche nicht betreten	Please do not step off the street
Tulpen wachsen in den Beeten	Tulips are growing in this beet
Buntes Leben ist am auferstehen	Colourful life is rising from the grass
Wir sollten in die Kirche gehen	Let us go to morning mass
Schau wie die Bienen frohlocken	See how the bees buzz all around
Über gelbe Osterglocken	The tulips growing from the ground
„Ach" sag ich ohne Spott und Hohn	"So" I say without any irony,
„O Mann! Ist der Frühling schön."	"Isn't spring time just so lovely!"
Nun verschwinden alle Klagen	Now we forget all our complaints
Mit den dunklen Wintertagen	As the last of winter feints
rückt die Zukunft scharf in Fokus,	the future comes into sharp focus,
Hokus Pokus Frühlingskrokus!	Hocus pocus, spring time crocus!

Angelika Marx
Geteiltes Glück

Komm, wir treten vor die Tür,
atmen die frische Frühlingsluft ein,
nehmen den Himmel, die Wolken auf,
schnuppern an Gräsern und Blumen und
singen das Lied unsrer Liebe dem Wind,
der es davonträgt und vielleicht
ein Lächeln zaubert auf
das Gesicht eines jeden,
der Klänge davon vernimmt.

Dann gehen wir wieder rein

Frühling wie kein anderer
Louisa Meyer

Nennen wir es Schicksal, wie ich das Geheimnis des aufblühenden Lebens verstand. Ich weiß nicht, wie viele Tage ich krank im Bett lag. Niemand von meinen Schulfreundinnen besuchte mich. Vielleicht hatten es ihre Mütter verboten. So lag ich da und konnte mir die Langeweile nicht wirklich vertreiben. Meine Mutter bemühte sich, mir die Zeit möglichst abwechslungsreich zu gestalten, aber sie konnte nicht den ganzen Tag an meinem Bett sitzen. Sie besorgte mir viele Bücher, von woher auch immer, aber es ödete mich an von Abenteuern anderer zu lesen, während ich selbst im Bett lag.
Als es Januar wurde, schmolz der Schnee und im Februar war es so warm, dass meine Mutter mich nach draußen brachte, eingewickelt in Decken. Manchmal schaute jemand über den Zaun zu mir, wie ich im alten Schaukelstuhl meines Großvaters mit warmem Deckbett dasaß. Ich sah die Nachbarskinder spielen und hörte das Geschrei. Aber nie rief jemand laut: „Marie, wann kommst du wieder spielen?" Nie. So saß ich da in der kühlen Luft, die von den Sonnenstrahlen nur wenig erwärmt wurde, und die Welt um mich veränderte sich fortlaufend. Ich sah als einziges Kind der Straße genau, wie sich die Knospen des Birnbaumes neben mir öffneten. Langsam, sodass man sie wirklich dabei beobachten konnte, stundenlang. Ich sah als einziges Kind, wie mühsam und fleißig ein Vogel sein Nest baute. Gräser, Blätter, alles diente seinem Bau. Da ich nur dasaß, mich nicht rührte, alles beobachtete, verstand ich schon früh wie das Leben funktioniert. Ich sah, wie alles aufblühte, wie das Leben entstand. Die Welt veränderte sich, leuchtete auf, um sich vom tristen Grau zu trennen. Und immer, wenn meine Mutter mich morgens nach draußen setzte, hatte sich wieder etwas mehr verändert. Über Nacht umarmte der Frühling die Bäume und ließ mich am Morgen in der nach Tau schmeckenden Luft staunen. Ich spürte das Leben und ging ein paar Schritte im Garten umher. Eine Explosion der Sinne durchflutete mich, sie fühlte sich wunderbar an. Der Geruch nach neuem Leben nahm meinen ganzen Körper ein. Ich konnte es kaum glauben, dass ich dieses Schauspiel erleben durfte. Und ich konnte es nicht fassen, dass die anderen Menschen sich nicht über den Frühling wundern wollten.

Auf der Straße, die ich von meinem Platz aus gut überblicken konnte, gingen viele Leute vorbei. Reiche, Arme, Elegante, Bettler, Kinder, Frauen, Männer. Sie sahen mich nicht und sahen auch den Frühling nicht, aber ich sah sie. Ich beobachtete sie und wusste bald genau, wann der Herr mit der Taschenuhr, auf die er so häufig schaute, zum Rathaus ging, wann die Frau mit dem Kopftuch zum Markt schlurfte und wann die Schulkinder zurückkamen. Jeden Tag saß ich dort und schaute ihrem ständigen Treiben zu. Wenn sie nur wüssten, was ihnen hier entging.
Einmal kam ein Vogel zu mir, saß auf dem Balkongeländer und schaute mich an, als wolle er fragen, warum ich nicht auf der Straße spielen und lärmen würde. Ich lächelte ihm zu, wusste aber, dass er wahrscheinlich nie über das Leben nachgedacht hatte und auch nie das große Etwas begreifen würde, dessen Teil er war. Ich fühlte eine Welle der Überlegenheit.
Richtig gesund wurde ich in den nächsten Monaten nicht, trotzdem erlaubte mir meine Mutter einmal auf die Straße zu gehen, weil sie dachte, dass ich an Kummer überlief. Ich ging also zu den Kindern Hans, Petra und wie sie hießen. Doch als wir spielten, merkte ich, dass mir das Spiel keinen Spaß mehr machte. Ich schien es verlernt zu haben.
In der nächsten Woche wurde die Krankheit schlimmer, sodass ich wieder im Bett bleiben musste. Heimlich setzte ich mich ans Fenster, atmete die Frühlingsluft durch die schmale Öffnung. Ich wollte da draußen am Leben teilnehmen. Tief in mich hinein zog ich die frische Luft, atmete frei und unbeschwert.
Kurz bevor der Sommer kam, als die Blüten im schönsten Pink leuchteten, ließ die Krankheit nach. Ich streifte sie ab, wie die Bäume im Herbst ihre Blätter abgeworfen hatten, um im Frühling wiederaufzublühen. Langsam lief ich durch den Garten, unter den Bäumen entlang, und fühlte das Leben in mir.
Ich erlebte noch unzählige Jahreszeitenwechsel. Das große Aufblühen, das zum Platzen gespannte fröhliche Leben im Garten, das Verwelken, die abgestorbene Welt. Den ewigen Kreis. Ich entdeckte ihn jedes Jahr neu, wunderte mich, staunte, genoss. Formulierte mit jedem Wechsel das Geheimnis des Lebens neu. Ich erinnerte mich an das neunjährige Mädchen und ihr Entdecken der Einzigartigkeit des Aufblühens. Und in jedem Frühling fragte ich mich, wie viele Kinder dieses Mal das Wunder des Lebens durch den Birnbaum begriffen hatten.

Heidemarie Opfinger
WAS KNOSPEN TRÄUMEN

Von Sonnenglanz und Himmelsblau,
von Schmetterling und Bienenfrau,
von lauem Wind und Regenduft,
sei erfüllt die kühle Luft.
Und von der Sehnsucht nach dem Leben,
von dem seligen Traum zu geben
und mit Wünschen nach dem Bienenkuss.
Wartezeit macht lange schon Verdruss!
Blätter wollen sich strecken,
Blüten mit Staub dich necken,
uns die Pracht der Farben schenken.
Das steigende Licht wird alles lenken!
Und tief in unseres Herzens Kammer
wollen sie vertreiben jeden Winterjammer.
Das ist, was Knospen träumen
in des zeitigen Frühlings Räumen.

Martina Bauer
Frühling im Herzen

Knospen
sprießen empor
warten im Erdboden
lassen Liebe ins Herz
Freud

Anke Kopietz
Der März

Sie erwacht, die Natur, mit vollem Klange.
Denn schon im kleinsten Sonnenstrahl,
durchbrechen die Blumenspitzen alle,
der Erde Krume, in großer Zahl.

Die Vögel begrüßen den kommenden Lenz.
Sie schwingen sich singend, weit ins Azur.
Rufen die Liebste. Wo bleibt sie denn nur?

Das Schneeglöckchen neigt zur Sonne sich hin
begrüßt sie begeistert mit sanftem Geklingel.
Im Erdreich erwacht das Kleintiergewimmel.

Und dann, wenn die Sonne so weiter macht,
ist alles was nötig, natürlich, erwacht.
Erfreut mit lieblichem Duft unser Herz.

Was wäre das Jahr bloß, ohne den März?

Heike Odenhoven
Frühling

Frühling im Herzen
Er weckt Gefühle
Mein Sehnen schlägt Knospen
Lässt Hoffnung grünen

Er weckt Gefühle
Zartkraftvolle Blütezeit
Lässt Hoffnung grünen
Meine Zukunft wirft bunte Schatten

Zartkraftvolle Blütezeit
Bunt aufblühender Höhepunkt
Meine Zukunft wirft bunte Schatten
Erfüllt das Leben mit neuen Melodien

Bunt aufblühender Höhepunkt
Aufbruch der nur vorwärts geht
Erfüllt das Leben mit neuen Melodien
Sinfonie der Töne in Dur

Aufbruch der nur vorwärts geht
Die Welt mit Blütenstaub bedeckt
Sinfonie der Töne in Dur
Junges Grün küsst zart die Bäume

Die Welt mit Blütenstaub bedeckt
Frühling im Herzen
Junges Grün küsst zart die Bäume
Mein Sehnen schlägt Knospen

Hildegard Paulussen
Wiederbelebung

Sei Willkommen du Frühlingstraum
den wir oft schlaflos herbeigesehnt
um sich in der Fröhlichkeit der Menschen
wiederzufinden, einzubinden
unser Leben wieder mit Freude aufzufüllen
das sich leerte im Grau der Kälte -
des Alltags

Mit großem Erstaunen erleben -
den Wandel der Natur
die jetzt überstreift – ihr buntes Kleid
und wir ablegen - das Grau des Winters
leichtfüßig durch den Alltag gehen
freudig neu erwachendes Leben begrüßen
die Schönheiten rings um uns wahrnehmen
um in und mit ihr zu leben

Langsam öffnet sich jetzt manch
verschlossenes Herz
Die Natur sorgt wieder für Freude, Belebung
und Leichtigkeit
lässt uns Staunen, Hoffen und in Demut
erkennen, dass die Wunder der Gezeiten
ein Geschenk an die Menschheit sind
um ihnen das Tragen ihres Schicksals
zu erleichtern

Typisch Allgäuer Frühling
Peter Suska-Zerbes

Veronika Fischer macht das Fenster auf, streckt beide Arme weit aus, atmet tief die warme Frühlingsluft ein, betrachtet verträumt die sich in weiter Ferne klar abhebende Silhouette der Allgäuer Alpen. Zufrieden schnurrt sie, denn dieses grandiose Schauspiel ist von Kaufbeuren auch nicht jeden Tag zu sehen. Fast zu schön, um wahr zu sein.
Sie wendet sich zufrieden ihrem Mann zu: „Ist das nicht herrlich! Zwei Wochen Sonnenschein im April! Hintereinander! Und das im Allgäu!"
Wastl, ihr Mann, brummt hinter der Allgäuer Zeitung zustimmend: „Das dürfte im Allgäu ungefähr so unwahrscheinlich sein, wie bei uns ein Dutzend freigiebiger Einheimischer in einer Kirchenbank."
Sie schmunzelt. Der Vergleich passt, denn als echte Schwaben sind die Allgäuer zwar nicht knauserig, aber bekannterweise sparsam.
Nach so viel allgäuerischem Humor widmet Wastl sich weiter der Zeitung, und Veronika schaut ihm dabei über die Schulter, was ihr die Gelegenheit gibt, sich ein wenig an ihn zu kuscheln. Dies hält ihn jedoch nicht davon ab, sich vor allem der Werbebeilage des Autohauses Filzinger zu widmen, zumal einige Sonderangebote seine besondere Aufmerksamkeit finden. Ja, der Filzinger kann es sich leisten, hat er doch viele Filialen im ganzen Allgäu verteilt.
Zuerst wehrt sich Wastl tapfer, als seine Frau vorschlägt, doch endlich die Sommerreifen draufmachen zu lassen. „Selbst wenn du mir eine Million gibst, die Winterreifen bleiben bis Mai drauf." Und als erfahrener Einheimischer fügt er weise hinzu: „Man kann nie wissen. Es wäre nicht das erste Mal, dass wir noch im Mai froh sind, wenn wir die Winterreifen drauf gelassen haben."
„Ich meinte ja nur. Siehst ja selbst, der Filzinger hat die Sommerreifen gerade im Angebot."
Sie weist über seine Schulter mit dem Finger auf einen abgebildeten Satz Reifen zu einem wirklich günstigen Preis. Nun muss man wissen, dass einen Allgäuer nichts mehr überzeugt als die Aussicht, ein Schnäppchen zu machen, sodass die werte Gattin, Veronika, auch nicht lange weiter ihren Mann zu drängen braucht. Er hätte wahrscheinlich auch ohne ihren

Zuspruch zugegriffen, aber es war ihm nicht unrecht, wenn sie ihn bat, denn so konnte er später im Notfall immer noch sagen, es wäre ja ihre Idee gewesen.

Ein halbe Stunde später zuckt der Meister in der Kaufbeurer Filiale bedauernd seine Schultern: „Die Reifen aus dem Sonderangebot meinst du? Tut mir leid, Wastl, aber ich hab gerade den letzten Satz verkauft."

„Herrschaftszeiten, und da lässt sich nichts machen, Max?"

„Hier bei uns nicht, aber die Kollegen in Kempten sollten noch welche haben."

„Schau'n wir mal", brummt Wastl mit einem begierigen Glitzern in den Augen.

Wenn ein Allgäuer mal entschlossen ist, dann lässt er sich nicht mehr so schnell von seinem Vorhaben abbringen. So verwundert es nicht, dass Wastl in den nächsten Stunden von Kempten nach Waltenhofen, von Waltenhofen nach Sonthofen, von Sonthofen nach Immenstadt, kurz, durch das halbe frühlingshaft daliegende Allgäu gescheucht wird, wo ihm aber jedes Mal bedauernd mitgeteilt wird, dass der letzte Satz Reifen leider gerade an einen schneller entschlossenen Einheimischen verkauft worden sei.

Inzwischen geht es Wastl nur noch um das Prinzip, denn die Allgäuer sind nicht stur, aber sie wissen, was sie wollen. Mit dieser Gewissheit kommt er am frühen Abend im genauso idyllischem wie hochgelegenen Hindelang an. „Da hast aber Glück. Wir haben tatsächlich noch einen Satz übrig", lächelt der Werkstattmeister gönnerhaft.

Wastl schmunzelt ebenfalls zufrieden, ist erleichtert, kann es dann aber kaum glauben, als er erfährt, dass die Werkstatt bereits geschlossen hat, und er mit dem Reifenwechsel bis zum nächsten Tag warten müsse.

Aber so schnell gibt ein Allgäuer nicht auf. Eher verkauft er seine Frau, als sich einer solchen Herausforderung nicht bis zum erfolgreichen Ende zu stellen. Jetzt grad recht! Wastl bittet, bettelt, drängt, verspricht dem Meister eine Brotzeit, die in den übrigen deutschen Landen als Zwischenmahlzeit oder Vesper bekannt ist. Diese Zusicherung einer Brotzeit ist wie bei allen anderen Einheimischen bei dem gemütlichen Meister überzeugender als die Hoffnung auf die ewige Glückseeligkeit selbst, denn Essen und Trinken halten auch hier im Voralpenland Leib und Seele zusammen.

Wie also zu erwarten ist, fährt Wastls Auto eine viertel Stunde später mit einem nagelneuen Satz Sommerreifen - zu Sonderkonditionen - versteht

sich. Und wieder eine viertel Stunde später sitzen Meister und Wastl bei einer gutgefüllten Halben - einem halben Liter Bier - und dem Leberkäs mit den dazugehörigen Brezeln im „Goldenen Lamm" und beide genießen zufrieden diese bayrische Tradition.
Natürlich bleibt es bei einem so guten Geschäft nicht bei einer Halben, sondern der ersten folgt so manch weitere.
Als Wastl in tiefer Nacht schließlich zum Wirtshaus herausschlingert, liegen zwanzig Zentimeter Neuschnee.
Hätt' ich mir grad denken können!
Typisch Allgäuer Frühling!

Norbert Rheindorf
Langsamer Walzer

Die Zeit tanzt
langsamen Walzer
dem Frühling haftet noch
kalte Trägheit an

Morgenstunden
misstrauen der Wärme
die jenseits des Nebels
schon mit dem Tag flirtet

neue Chancen
kriechen
in unsere Arme
wecken uns sanft

Oliver Meiser
Aprilwetter

In unheilschwangrer Schwärze Wolken schwimmen
im blankgeputzten Himmel, gläsern-blauen,
zitronengelbe Schlüsselblumen glimmen,
und Schatten wandern, seltsam anzuschauen.

Da, plötzlich staubt wie Schleier fein ein Regen
in warmen, leuchtend, schillernd-bunten Schauern,
wie frisch nun spiegelt es auf allen Wegen,
wie froh nun glänzet es auf allen Mauern.

Und wieder streicheln süße Sonnenstrahlen
wie sanfte Hände Wiesen, Felder, Raine,
und in der Gärten Grün sich freundlich malen
die Tulpen mit Narzissen im Vereine.

Doch schon erneut verfinstert sich's von hinten
und Schnee fällt dicht und ungeheuer still,
bedeckt die Veilchen und die Hyazinthen,
als wär' Dezember es und nicht April.

So wie die zarten Blumen, die da sprießen,
stehn wir im wilden Wetter dieses Lebens,
und alle Sonnenstrahlen zu genießen
sei Ziel dies unsres menschlichen Bestrebens!

Marc Short
Frühling

Die Sonne scheint,
bis der graue Himmel weint.

Die Vögel singen,
lassen ihre Flügel schwingen.
Sie lassen ihr Lied erklingen,
der Regen weicht,
ein blauer Himmel wird gereicht.

Zuvor noch grau, jetzt blau,
sieh genau hin, schau.
Die Vögel zwitschern weiter,
immer heiter,
nur in der Nacht,
da umfängt auch sie die Stille,
sie nutzen dann jede Rille,
und pflegen nochmals ihr Gefieder
denn bald schon fliegen sie wieder.

Die ersten Blümlein sprießen,
der reichliche Regen wird sie gießen,
es folgen grüne Wiesen,
Braune Felder,
schöne Wälder.

Also bleib nicht länger drin,
das hat keinen Sinn.
Geh hinaus, in die große weite Welt,
zeig ihr, dass sie Dir gefällt,

Zum Abschluss ein Gruß
an die Natur und das Wetter:
Auch für Euch ist dieser Letter!

Katja Heimberg
Frühlingserwachen

Ein Hauch von Wärme und Zufriedenheit.
Blumen verstecken ihre Knospen vor der Dunkelheit,
schlafen ruhig ein.
Blumenkinder wecken den Tag mit einem neuen Sonnenaufgang.
Ein Kuckuck ruft und Momente der Harmonie schauen vorbei.
Spaziergänge laden nun jeden ein.
Die Sonne kommt wieder,
da staunen die Kinder vor Freude und es blüht
der wilde Flieder.
Grüner dunkler Rasen verbündet sich
mit herrlich duftenden und bunten Blütensamen.
Gefühle rauschen vorüber, der Frühling hat uns wieder.

Evelyn Lenz

Vernebelter Sinn
süßer Blütenduft wirkt stark
Herzen entflammen

Abgeschrieben
oder sein neues Leben im Frühling

Heinz-Georg Barth

Wieder hatte er die stechenden Schmerzen. Ein Gefühl, als pieke ihm jemand eine heiße Nadel ins Auge.
„Wir lassen mal Ihren Kopf durchleuchten", befand sein Arzt. „Treten Sie bis dahin etwas ruhiger. In einer Woche habe ich Ihren Befund."
Ruhiger treten? Wie? Seine Arbeit in zwei Schulen ließ das nicht zu.
„Wir sollten die Röntgenaufnahme in vier Wochen wiederholen, auf der Platte zeigt sich ein dunkler Fleck", erklärte Dr. Tohm. Mit den Worten: „Sie haben ja bald Frühjahrsferien, da können Sie sich erholen", überreichte er ihm ein Rezept für eine weitere Packung Tabletten.
Dass er in den Ferien auch als Seminarleiter tätig war, konnte sein Arzt nicht wissen.
Kaum zuhause, legte er ein feuchtes Tuch auf die Stirn, war für jede Minute der Ruhe froh. Dennoch versäumte er nicht, mit seinen beiden kleinen Kindern soviel Zeit wie möglich beim Spielen zu verbringen. Obwohl sein Kopf zu platzen drohte.
Vor Jahren während eines Einsatzes mit dem Zentralen Musikkorps hatte er schon mal solche starken Schmerzen gehabt. „Das ist Migräne, ein Clusterkopfschmerz", stellte sein Stabsarzt damals fest.
„Bisher dachte ich immer, so was haben nur hysterische Frauen", erwiderte er.
Schließlich vereinbarte er einen Termin beim Augenarzt.
Am Tag seines Augenarztbesuches hatte ihm während seiner Pausenaufsicht eine Kollegin von der Untreue seiner Ehefrau bei einer Weiterbildungsreise berichtet. Wie er danach in den 10. Klassen seinen Unterricht meistern konnte, ist ihm noch heute rätselhaft.
Während die Ärztin seine Augen untersuchte, fragte er nach dem dunklen Fleck am linken Auge.
„Wie kommen Sie darauf?", forschte sie.
Er erzählte von dem Fleck auf dem Röntgenbild.
Sie sah ihn an, blickte noch mal durch die Spaltlampe und sagte: „Nehmen Sie draußen bitte Platz, ich rufe Sie dann."

Nach einer viertel Stunde holte sie ihn ab. Sie gingen beide die langen Flure der Poliklinik entlang. Kaum hatte er im Warteraum der Neurologin Platz genommen, wurde er von den Medizinerinnen aufgerufen. Er trat ins Sprechzimmer, die Augenärztin schloss hinter ihm die Tür. Ohne Umschweife erklärte ihm die Neurologin: „Ich schreibe Sie jetzt erstmal krank. Gehen Sie nach Hause, genießen Sie das Frühlingswetter. In fünf Tagen, sehen wir uns wieder."
Da stand er, noch mit den gleichen Beschwerden, ohne neue Medikamente, hatte keine Diagnose, aber einen Krankenschein. Und seine Gedanken kreisten wild um die untreue Ehefrau.
Sein Wiedervorstellungstermin: Bei der Neurologin brauchte er nicht warten, wurde sofort vorgelassen, was ihn stutzig machte. Auf seine Frage: „Was habe ich? Ich möchte zum 70. Geburtstag meines Onkels nach Niedersachsen fahren!"
„Das vergessen Sie!", platzte es aus ihr heraus. „Bis dahin haben wir Sie schon lange operiert!"
„Operiert, wieso? Warum?"
Ihre Antwort traf ihn wie ein Schlag. Er stand reglos neben ihr. Ihre Diagnose brannte sich in seinen Kopf. „Sie haben einen Tumor im Kopf. In drei Wochen hat man erst einen OP-Termin für Sie. Ich stehe aber ständig mit der Uniklinik in Verbindung und hoffe, dass ich einen früheren Termin für Sie erhalte. Kommen Sie in einer Woche wieder, dann kann ich Ihnen hoffentlich mehr sagen. Sie dürfen alles machen, was Sie wollen, nur kein Auto mehr fahren."
Wie versteinert saß er eine Weile auf irgendeiner Bank in der Frühlingssonne und betrachtete ein Foto seiner beiden Kinder. Ihm war klar, er ist dem Tode nahe, hatte sich nur noch gefragt: ‚Überlebst du das? Und wenn ja, wie?'
Während des Heimweges schien sein Schädel zerspringen zu wollen.
Dort angekommen empfing ihn seine Frau mit den Worten „Na, endlich ist es raus!" Sie hatte von dem ‚Versprecher' ihrer Kollegin in der Schule erfahren. „Ich hoffe, du ziehst bald aus, oder willst du, dass wir hier zu dritt wohnen?"
„Und an die Kinder denkst du gar nicht?", erwiderte er schwach und zog sich zu seinen Lieblingen ins Kinderzimmer zurück.
Die sechs- und achtjährigen Geschwister schienen damals zu spüren, dass ihn etwas quälte.

Vier Tage später bekam er die Zuweisung für eine winzige Einraumneubauwohnung präsentiert: „Ich hoffe, du bist bald raus!" Ihre Worte trafen ihn hart.
„In diese Abstellkammer ziehe ich nicht. Da ist nicht mal Platz für die Kinder", wehrte er sich.
An den folgenden Tagen hatte er sehr viel Zeit mit seinen beiden Kindern verbracht.
Dann musste er in die Klinik – in ein Fünfbettzimmer! Hier lagen Kopfoperierte und durch die offenen Zimmertüren waren schlimme Schreie von Schmerzpatienten zu hören. Untersuchungen mit Lumbalpunktion und 24-Stunden strammer Bauchlage folgten für ihn.
Als er endlich wieder auf den Beinen stand, fragte er den Oberarzt, wann seine Operation stattfinden würde.
„Alle fragen mich, ich bin hier nur der Oberarzt, woher soll ich das denn wissen?", bekam er eine halbherzige Antwort.
Am nächsten Tag hatte er seinen OP-Termin. Noch zwei Tage warten?
Am besten wäre es, er verschwinde von hier, trommelte es durch seinen schmerzenden Kopf. Neben den quälenden Anblicken und fürchterlichen Lauten aus den Nachbarzimmern, war es seine hilflose Einsamkeit, die ihm zu schaffen machte. Und ständig drängte sich das Bild des offenen Kinderschädels in sein Bewusstsein, der ihm nach einem Verkehrsunfall in die Hände fiel, als er während seiner Armeezeit Helfer an einem Unfallort war. In diesen Momenten fühlte er in sich, was er bis dahin nicht kannte: Eine gähnende, nicht enden wollende, Leere. Dieses Empfinden wurde durch die weißen, hohen Räume des 1890 erbauten Gebäudes noch verstärkt.
Der Glaube an sich selbst, reicht in einer solchen Situation nicht aus. Er dachte fortwährend, wie wunderbar es wäre, wenn es einen Menschen gebe, der an ihn glaubt. Er sehnte sich nach einem solchen Menschen – immer wieder.
Am nächsten Tag kam eine Ärztin und bat ihn mitzukommen. „Wir haben einen Ausfall beim MRT, wir wollen Sie dafür in die Röhre der Computertomographie schieben", hört er sie noch heute sprechen.
Die Uniklinik Magdeburg war der dritte DDR-Ort, der ein solches CT-Gerät neu erworben hatte. Die Worte der Ärztin, die seine Untersuchung auswertete, konnte er erst gar nicht realisieren. „Was wollen Sie hier? Es ist nicht einmal eine Verkalkung bei Ihnen zu sehen. Machen sie bloß, dass Sie nach Hause kommen!"

Wie bitte? Freudig, als wollte er eine heile Welt umarmen, hüpfte er ins Krankenzimmer zurück.
Tags darauf ging er, obwohl er dem „Tod von der Schippe gesprungen war", sehr bedrückt nach Hause. Was würde ihn dort erwarten?
Auf dem Heimweg lief er bei der Volkspolizei vorbei, sich nach seinem Reisepass zu erkundigen. Er kannte keinen der dort arbeitenden Genossen. Sie aber ihn! Auf seine Frage in den Raum nach seinem Reisepass bekam er eine flotte Antwort: „Wenn Sie jetzt gesund sind, können Sie fahren."
Baff! Die kannten ihn nicht nur, die waren auch über seine „Krankheit" informiert. Wie war das möglich? Spielte da die Stasi mit?
Zuhause angekommen: „Papi, Papi, du bist ja wieder da", umarmte ihn seine Tochter.
„Mammi sagt, du kommst nie wieder", quälte sein Sohn unter Tränen hervor. „Aber du bleibst doch jetzt bei uns, ja?"
Er drückte beide fest an sich. „Ja."
„Papi, du weinst ja!", riefen seine Kinder. Gemeinsam engumschlungen sanken sie auf den flauschigen Teppich. Und die Kinder begannen seine Tränen zu trocknen.
Am Tag darauf fragte ihn seine Neurologin: „Haben Sie was dagegen, wenn ich Sie noch eine Weile im Krankenstand lasse, damit Sie sich wieder erholen können?"
Dagegen hatte er nichts! Er nutzte die Zeit, unbeschwert mit seinen Kindern spielen zu können.
Der Besuch in der Praxis eines anderen Augenarztes ergab, dass er eine Brille brauchte, die seine Kopfschmerzen schnell linderte.

Auf einer späteren Stadtratssitzung sagte der Schulrat zu ihm: „Dass du wieder da bist, das ist ein Wunder. Wir wurden informiert. Du kommst nie wieder, und wenn, nur als Kranker. Wir hatten dich wirklich schon **abgeschrieben**."
Abgeschrieben? Nein! Das Schulleben ging für ihn weiter. Und es wurde ein warmer Frühling, dem ein heißer Sommer folgte.
Im Herbst lernte er wieder eine Frau kennen.
Aber nach seinen beiden Kindern sehnt er sich heute noch vergebens.

Margret Küllmar
Frühlingssonne

Die ersten warmen Strahlen schickt die Sonne,
Menschen und Tiere genießen sie voller Wonne,
sie vertreibt die Dunkelheit und des Winters Macht,
viel Neues entsteht durch ihre Kraft.
Die Vögel kommen aus dem Süden zurück,
bauen Nester, feiern Hochzeit – voller Glück.

Mit dem Wachstum beginnen Gras und Getreide,
Blumen und Bäume blühen, eine Augenweide,
Mücken schwirren und die Bienen summen,
die Tiere des Waldes bekommen ihre Jungen.
Auch die Menschen sind zum Neuanfang bereit,
werfen Ballast ab, lieben sich – eine tolle Zeit.

Monika-Maria Ehliah Windtner
Komm, lieber Frühling komm

Frühling kann sich nicht mehr verstecken,
Blütenköpfchen sich himmelwärts strecken.
Laue Lüfte streicheln das Land,
Frühling, du trägst ein lieblich Gewand.

Pia Schussler-Gorny
Melody of spring

Theatralisch öffnen sich die ersten Knospen
und lassen die schüchternen Sonnenstrahlen zärtlich
ihre hauchdünnen Blüten streicheln.

Sanfte Wärme erkundet die Luft.
Ein Atemzug in die genüssliche Sorglosigkeit
des Frühlings.

Vögel breiten ihre Flügel aus und lassen sich
vom Wind in die frisch geborene Weite der Erde tragen.

Alles atmet leise.
Sei wachsam und lausche den Geheimnissen der Natur.

Kristine Tauch
Mitten im März

Wenn die Krokusse erblüh'n,
Und dein Gesicht so sanft und kühn,
Lacht mir direkt ins Herz hinein,
Wäscht meine Seele von Schwermut rein,
Dann weiß ich, dass es Gott so will,
denn mit dir ruht mein Geist ganz still.

Pawel Markiewicz
Der Frühling

Als der grüne Frühling ankam,
war mein Herz ganz bezaubert.
Ich hatte im Innern diesen Traum.
Ich war der Zaubernaturwelt wert.

Ich berührte ein schönes Blümchen,
das auf der Lieblingswiese wuchs.
Ich genoss das feuchte Windchen,
das ich spüren musste und muss.

Der Wind klopfte an mein Herz,
sodass die Herzblutwonne entkam.
Ich träume von ihrer Magie jetzt,
die Menschen streicheln das Frühlingslamm.

Der Frühlingsgeist saß auf den Bäumen.
Er war schön mit grüner Rute.
Er ließ mich von der Rute träumen
und wachen wie edler Vogelbote.

Ich sah vielerlei Häuschen,
unter den schönen Auen
und suchte zaubervolle Wörtchen,
um den Naturgeist wie Bild zu malen.

Tausende Blumen wie Geistspuren
breiteten sich herum aus.
Sie wollten mich zum Wahnsinn führen.
Die Bienen lebten in Saus und Braus.

Der Frühling kam und wollte nie fort.
Er verweilte eine längere Zeit.
Ich suche heute die Erfüllung dort,
wo der Blumentraum zu erwachen scheint.

Tobias Grimbacher
aller Anfang

Die Frühlingssonne
lässt Schokolade schmelzen
auf meinem Balkon

heizt auch das Blumenkästchen
die Krokusse
spitzen schon die Knospen

ich sitze da
das erste Mal
warte

Viola Kronas
Frühling im Herzen

Es war so kalt,
doch nun bald kehrt er heim,
der Sonnenschein.

Meine Sehnsucht war so groß,
doch nun riecht man das frische Moos.

Die Blumen fangen an zu blühen
und mein Herz fängt an zu glühen.

Die Sonne strahlt so rund,
und malt alles schön bunt.

So groß die Freude über den Sonnenschein,
der nun endlich kehret heim.

Ein Hauch von Frühling
Sabine Schirmer

"Merkt ihr, dass es nach Frühling riecht?" Irgendeiner hatte die Frage gestellt und wir drei stimmten zu. An diesem lauen vorfrühlingshaften Sonntag hatten wir beide uns mit unseren Dresdener Freunden zu einer Wanderung auf den Löbauer Berg verabredet.
Bald war ein ruhiger Parkplatz gefunden, denn wir wollten den Berg von seiner "Rückseite" her umrunden bis zu seinem Gipfel mit dem gusseisernen Turm. Der Wald sah nach eben erst geschmolzenen Schneeresten aus, aber hier und da schoben schon die leuchtend blau-roten Blüten des gefleckten Lungenkrauts ihre Köpfe durch das schmutzig-braune Laub.
Wie begierig man nach einem langen Winter nach jedem noch so kleinen Farbtupfer in der Natur Ausschau hält! Man ist viel aufmerksamer und möchte neugierig irgendetwas Besonderes entdecken. So entgehen uns auch nicht die beiden halbhohen Baumstümpfe. Hier hat ein Specht unterschiedlich große Löcher in das Holz gehackt. Das Ergebnis seiner Tätigkeit erinnert uns an Fenster einer zerfallenen Burgruine.
"Arbeitet da jemand am Sonntag?" Tatsächlich hören wir das auf- und abschwellende Geräusch einer Motorsäge und atmen frischen Holzgeruch.
Wenig später treffen wir einen Mann im blauen Overall, der die vom winterlichen Schneebruch kreuz und quer liegenden Baumstämme mit seiner Säge bearbeitet. Schade, es sind richtige Baumriesen darunter. Ein Geruch nach Frische erfüllt die Luft, sodass wir stehen bleiben und dem Mann bei seiner Arbeit zusehen. Gerade bearbeitet er eine Rotbuche, die im Inneren eine seltsam dunkle Verfärbung aufweist. Vielleicht eine Krankheit, die sie zu Fall gebracht hat? Mir gefällt das dunkle Gebilde; es sieht wie ein kleiner Baum im Holz aus. Gern hätte ich ein Stück davon. Für ein Schnapsel sägt mir der Mann eine Scheibe ab. Wie herrlich sie riecht!
Froh, dass er seine Arbeit unterbrechen kann, erzählt er uns dann von den Schäden des vergangenen Winters und macht uns auf einen abgebrochenen Baumstumpf auf der anderen Wegseite aufmerksam: "Den wird die Forstverwaltung wohl stehen lassen - als Denkmal. Schauen Sie sich den mal an!"
Beim Nähertreten erkennen wir zahlreiche Initiale, die den gesamten

Baumrest schmücken. Hier haben sich Liebende vor langer Zeit verewigt und ihre Namen in das Holz geschnitten. Nicht nachahmenswert, aber dieses Denkmal wird die einst Verliebten bestimmt überleben.

Wie tröstlich, dass ich meine frisch gesägte Baumscheibe als Andenken an diesen Märztag nach Hause nehmen kann. Ihr intensiver Holzgeruch hat uns auf unserer Heimfahrt begleitet.

Gisela Klenner
Im Licht

Wenn ich das Geräusch der Tautropfen höre,
wenn die Sonne mich die Jacke öffnen lässt,
wenn grüne Spitzen im Schnee mich ermuntern,
nicht nur schwarz oder weiß zu sehen,
dann ist Frühling da draußen.

Wenn ich dich wieder in die Sonne rutsche,
wenn ich dumme Worte vergessen kann,
wenn ich die Zukunft wieder gemeinsam denke,
wenn ich mich auf jeden Tag mit dir freue,
dann ist Frühling da drinnen.

Türkischer Frühling
oder die Antike von Ephesus und Klöße aus Thüringen

Rosemarie C. Barth

Um Himmelswillen, wenn ich geahnt hätte, was ich auslöse, kein einziges Wort wäre mir über die Lippen gekommen. Doch zu spät, mit der Videokamera im Reisegepäck war mein Sohn Steven im letzten Mai in die Türkei gedüst. Und ausgerechnet ich hatte ihn dazu überredet. Allah und Frühlingshitze hatte ich nicht erst erwähnt, doch von der Ägäis geschwärmt, die antike Stadt Ephesus und das Naturwunder Pamukkale in den prachtvollsten Farben geschildert. Nirgendwo auf der Welt sind die Augen der Mädels so braun wie in der Türkei, auch das sollte mein Sohn unbedingt wissen.
Nun saß ich bei Steven in der Stube und beäugte ihn skeptisch. Seinen blonden Schopf zierte eine goldgelbe Türkenkappe und er grinste so überlegen, als hätte ihn Allah persönlich geküsst.
Drei Stunden Urlaubsvideo lagen hinter uns, als Stevens Ruf auf der Kassette den Start des vierten Tages meldete.
„Oh nein!", gellte ich, als mir Steven den Rauch der orientalischen Wasserpfeife ins Gesicht blies. „Sind das noch die ersten Tage?"
Mein Sohn nickte fanatisch: „Klar, voll super was? Ein Frühling, wie's keinen grandioseren geben kann."
Allah musste wohl Mitleid mit mir gehabt haben, als plötzlich das Videoband versiegte. Steven hatte das Ladegerät für den Akku vergessen und frohlockte: „Macht nichts, die übrigen zehn Tage erzähle ich dir gleich." Dabei hatte er zwei große Stück Türkischen Honig auf die Zunge geschoben.
Klar sei er auch durch Ephesus gepilgert. Nur ein wenig hätte es ihm die Stimmung vermiest. Diese Fremdenführer dort jagen die Touristen geradezu durch Kunst und Antike. Etwa so: „Rechts steht das Amphitheater und links sehen Sie den Ausgang. Hm, ein wenig stolzer und ehrfürchtiger sollten die Erben von Atatürk sich schon präsentieren."
Ich ahnte, was nun kommen würde.
„Den Brüdern habe ich aber gezeigt, wie man eine ordentliche Touristenführung macht. Nämlich mit aufrechter Brust. Stolz alle Mimik und Gestik, die Körper und Geist hergeben, spielen lassen. Steven faltete vielsa-

gend die hohe Stirn. „Und schwer war das", knurrte er, „Sprachprobleme, hin und wieder, verstehst du?"
„Ach was?", griente ich.
„Mit den Thüringer Klößen konnte der Mustafa Hassan überhaupt nichts anfangen."
Jetzt faltete ich die Stirn und bohrte: „Wie? Was haben denn die Thüringer Klöße mit den Reiseführern in der Türkei zu tun?"
Steven keuchte und knallte mir das Wort Tradition an den Kopf. Das sei nur ein Vergleich zweier Völker, eine Metapher zu Ephesus. Jede Nation hätte eben Dinge, auf die es stolz sein müsste.
„So ein Unsinn", versuchte ich Steven aufzuklären, „Thüringer Klöße zu kochen oder eine prächtige Marmorstadt wie Ephesus zu bauen, dieser Vergleich dürfte gewaltig hinken."
„Man sollte sich nicht in Details verlieren, wenn es darum ginge, einem Land zu helfen, seine Kostbarkeiten würdevoller zu präsentieren", erwiderte Steven und schüttelte seinen Schopf so energisch, dass die goldene Türkenkappe bebte.
Aber abgesehen davon, habe es ihm in der Türkei prima gefallen. Auch wenn Ordnung und Sauberkeit bisweilen zu wünschen übrig ließen. Wie man an einigen Ausgrabungen deutlich sehen konnte.
Diese vielbrüstige Artemis zum Beispiel, wo gibt's denn so was? Jeder Mann weiß, dass auch die Göttinnen nur zwei davon haben.
Manche Gebäude in Ephesus seien auch nicht mehr zum Besten bestellt, hier und da müssten mal wieder die Steine geordnet werden.
Auch die Händlerkolonnen seien aufdringlich gewesen. Kein Vergleich, so ein Einkaufspark im Thüringischen mit einem türkischen Basar. Welten liegen dazwischen, jawohl! Welten! Die deutsche Verkaufskultur ist an denen tatsächlich spurlos vorübergegangen. „Und alle sind nur scharf auf dein Geld!" Bei diesen Worten schien es, als ob Stevens Urlaubserlebnisse nun beendet seien.
„Die haben ja auch wenig davon", murmelte ich kurz.
Steven winkte ab. „Nie, nie wieder ...", rief er bekräftigend.
Doch Sekunden später schon begann er alles zu widerlegen: „Einen großen Reiserucksack habe ich mir dort gekauft."
Völlig erschöpft vernahm ich noch, im nächsten Frühling müsste er mal dringend in Nordafrika nach dem Rechten sehen.

Vor dem Winter kommt der Frühling
Monika Hambuch

Als Karl sie zum ersten Mal sah, blieb ihm fast das Herz stehen. Er presste die rechte Hand auf seine linke Brust und fühlte es rasen. Die Frau, die da aus der Straßenbahn stieg, erinnerte ihn an seine erste Freundin. Aber das war lange her.
Karl stand da wie vom Donner gerührt. Die Türen der Bahn schlossen sich und sie fuhr ihm davon. Und sie, ja, sie kam ganz langsam und ohne Eile auf ihn zu, dabei lächelte sie. Als sie an ihm vorbei kam, grüßte sie mit einem Kopfnicken und schwebte davon.
Er sah ihr lange nach. Sie ging mit festem Schritt und ihr weißblondes Haar glänzte in der Maisonne. Wer war diese wunderbare Frau mit dem schönsten Lächeln der Welt? Einem Lächeln, das ihn verzaubert hatte.
Er hatte vergessen, wohin er wollte und mit welcher Bahn. Beschwingt schlug er den Weg zum Park ein. Gestern war er noch niedergeschlagen und müde, jetzt fühlte er sich hoffnungsfroh und frisch. Er setzte sich auf eine Bank. Seine Sinne waren beflügelt von dem Gedanken an sie. Der Frühlingswind streichelte seine Wange und die Blätter über ihm rauschten leise. Er staunte über sich, als er die Düfte des Frühlings wahrnahm. Die süße Wolke, die der Holunderstrauch dort hinten verströmte und der Jasmin im Gebüsch hinter ihm. Das frische Grün der Bäume erschien ihm wie von Licht durchdrungen. Es kam ihm vor, als hätte er ein Rauschmittel zu sich genommen.
Er wollte sie wiedersehen. Gleich morgen um dieselbe Zeit will er zur Haltestelle gehen und dort warten, wenn nötig, täglich.
Er war sicher, sie würde kommen. Doch was sollte er sagen, wenn er ihr gegenüberstünde? Bei dem Gedanken begann sein Herz erneut wie verrückt zu pochen und er spürte, wie es holperte und stolperte. Er legte die rechte Hand auf die linke Brust. So saß er da. Ein Mann, krank am Herzen und jung in der Seele.

Drei unendliche Wochen hatte es gedauert. Sie kam mit der Linie 1. Als die Tür sich öffnete, stand Karl auf dem Bahnsteig und macht eine tiefe Verbeugung, verbunden mit einer ausladenden Handbewegung, so wie man es manchmal in alten Filmen sieht. „Schöne Frau, darf ich Ihnen beim Aussteigen behilflich sein?"

Sie lachte wegen seiner übertriebenen Geste und nahm seine Hand.
„Sehr erfreut, mein Herr", erwiderte sie schmunzelnd und das Eis schien gebrochen.
„Ich möchte Sie gerne ein Stück begleiten, wenn Sie gestatten", sein Herz raste wieder. Hatte er sich zu viel vorgenommen?
„Ach nein. Heute ist das Wetter nicht schön für einen Spaziergang."
„Gerne würde ich bei jedem Wetter mit Ihnen gehen", er bot ihr seinen Arm und sie hakte sich ein.
„Übrigens, ich heiße Karl."
„Elli."
Elli. Der Name klang in seinem Kopf nach, hallte in seinen inneren Räumen wider und vor seinem geistigen Auge sah er die Buchstaben ihres Namens in der Frühlingssonne tanzen.
Von nun an sahen sie sich täglich.
Am ersten Advent saßen sie beim Frühstück. Er wohnte jetzt bei ihr, in diesem kleinen, hübschen Appartement, das ihm von Anfang an gut gefallen hatte. Es hatte so viel von ihr. Nur das Bett war ihm zu klein gewesen und sie hatten gemeinsam ein größeres gekauft. An diesem Tag hatte Elli das Zimmer geschmückt, überall brannten Kerzen und auf dem Tisch lagen Tannenzweige und Glitzerkonfetti. Karl hielt Ellis Hand und machte ihr einen Antrag. Weich umrahmten ihre Locken das Gesicht, mit strahlenden Augen blickten sie ihn an. Mit dem schönsten Lächeln der Welt sagte sie: „Ja."
Der Herzanfall Mitte Februar kam für ihn überraschend. Er wurde ins Krankenhaus gebracht. Wird schon wieder werden, dachte er, er wollte noch viel Zeit mit Elli verbringen. Er wollte diese wunderschönen Spaziergänge im Schnee, wollte die berauschenden Düfte des Frühlings, die Sommerhitze in einem Bötchen auf dem See, den Ausflug aufs Land im Spätsommer; das alles machte nur mit ihr so viel Spaß.
Er hatte ihr immer kleine Gedichte und Reime auf Zettel geschrieben und heimlich aufs Kopfkissen gelegt. Wie sie sich gefreut hatte, wenn sie die Briefchen fand. Er klingelte nach der Schwester, bat um Papier und Stift und dichtete:

> Du bist des Frühlings Duft
> Und meine Lebenslust
> Ist es vorbei, wird es schmerzen
> Doch Du und der Frühling bleiben in meinem Herzen

Es war seine letzte Liebeserklärung am Elli. Als sie um 10 Uhr ins Krankenhaus kam, war er bereits tot.
Die wenigen Trauergäste waren gegangen. Elli stand vor dem offenen Grab. Da lag er neben Lotte. Auf dem Grabstein aus schwarzem Granit stand in goldenen Buchstaben:

Lieselotte Kravitz
1926 – 1999
Karl Kravitz
1925 – 2011

Elli wird nicht bei Karl liegen. Sie wird bei Josef liegen, so wie Karl bei Lotte liegt. Das hatte sie von Anfang an gewusst. Aber sie waren schön gewesen, die letzten Monate mit Karl, wie ein immerwährender Frühling. Auch wenn sie traurig war, sie bereute nichts. Und eins wusste sie: Karl war vielleicht nicht die größte Liebe ihres Lebens, gewiss aber war er die letzte Liebe ihres Lebens.

Silvia Wendt
mein traum

in der sonne sitzen
katzen kraulen
kaffee trinken
gedichte schreiben
bücher lesen
gespräche
mit dir

und
ab und zu
ein wenig
ausschweifend sein
das könnte mir
so passen

Dr. Hermann Knehr
Frühlingsahnung

Und wieder ist die Luft wie Seide,
streicht zärtlich über deinen Arm,
umgibt die Haut wie ein Geschmeide
glatt wie Metall, vom Atem warm.

Und über dir der Bäume Rauschen
im Wind, ein stetes her und hin,
als könnte deine Seele lauschen
des Schöpfungswunders Anbeginn.

Du stehst im winterlichen Garten
vom Wehen ahnungsvoll erfüllt,
in jeder Knospe ist ein Warten
noch fest im schwarzen Holz verhüllt.

Noch ist es nur ein Hauch, ein Beben,
was dich berührt an diesem Ort,
doch die Natur beginnt zu leben
und zieht dich rauschend mit sich fort.

Inge Sydow-Ferenz
Samenkorn

Verborgen im Schoß der Erde
Ganz selbstverständlich eingebettet in alles was war
Trägst du in dir den Keim
Für alles was irgendwann vielleicht
wird

Frühlingserwachen
Jens Niemeyer

Ich kann die Zeit nicht mehr wahrnehmen. Mein Körper ist steif, meine Gelenke rostig, mein Mund trocken und meine Glieder gefroren. Keine Bewegungen. Seit langer Zeit befinde ich mich im tiefen Schlaf. Ich habe geträumt, wie ich von einem Menschen in meinem Blätterhaufen geweckt wurde. Er ließ mich einfach liegen und ich musste erwachen. Es gab keine Nahrung. Alle Tiere waren verschwunden. Sie schliefen sanft und in Ruhe. Auf mich allein gestellt suchte ich nach Käfern und Schnecken, doch ich konnte nichts finden. Ich hatte Angst. Schreckliche Angst. Halb verhungert lag ich auf der Straße und sah meinem Ende entgegen. Aber jemand hatte sich um mich gekümmert. Ein kleiner blonder Junge hat mich aufgegriffen und gepflegt. Seine rote Mütze und der blaue Schal um seinen Hals sind mir in Erinnerung geblieben. Er gab mir reichlich zu Essen, damit ich meinen Schlaf weiterführen konnte. Sein Haus gab mir Wärme, damit ich nicht erfriere. Einige Tage später hat man für mich einen neuen Blätterhaufen gebaut und ich durfte mir ein neues Heim einrichten. Selten kann ich mich an Träume erinnern, aber dieser war am Anfang einfach nur schrecklich gewesen. Ich dachte, dass ich sterben müsste, aber dieser kleine blonde Junge hat mich gerettet. Es war ein aufregender Traum, aber gleichzeitig auch sehr unheimlich und angsteinflößend.
Schon lange kann ich spüren, wie die Welt um mich herum wärmer wird, wie sich der Duft von frischen Blumen um meine Nase schlängelt. Zwischen meinen Stacheln spüre ich den molligen Wind, der sich leicht an meine Haut schmiegt. Die Fettschicht an meinem Körper hat sich bereits aufgelöst und ich habe sie vollkommen verbraucht. Habe ich etwa nicht genug im Herbst zu mir genommen? Meine Muskeln zittern. Ich kann sie nicht kontrollieren. In meiner Brust merke ich ein schnelles hämmerndes Klopfen und das Blut zirkuliert mit hoher Geschwindigkeit durch meinen Körper. Mein kleines Herz rast vor Aufregung. Mir wird wärmer. Unter leichten Schmerzen versuche ich mich auseinander zu rollen und hinzustellen. Meine vier Beine tragen mein leichtes Gewicht. Meine Fettreserven sind aufgebraucht und ich bin wieder schlank. Die Frauen werden sich darüber freuen, ein schlankes und gutaussehendes Tier wie mich zu bekommen. Sie werden Schlange stehen, um sich mit mir paaren zu dür-

fen, aber ich darf keine Zeit verlieren. Ich versuche meine schweren Augen zu öffnen. Wie mit Kleber beschmiert haften sie aneinander, doch ich kann sie brennend aufschlagen. Endlich ist es vollbracht. Ich bin aus dem Winterschlaf erwacht.
Es ist Frühling. Zeit, wieder zu leben und die Welt weiter zu erkunden. Wie jedes Jahr freue ich mich wie ein kleines Kind auf die Frühlingszeit. Wieder mit Freunden spielen, fremde Orte sehen und natürlich die Paarungszeit im Sommer. Am Ende darf ich mich wieder vollfressen, bis ich mich nicht mehr bewegen kann. Das ist ein wunderschönes Leben.
Zwischen meinem Blätterhaufen ist es stockdunkel. Ich kann nicht erkennen, ob es bereits hell geworden ist. Mit meiner Nasenspitze kämpfe ich mich durch den Blätterwald und schubse alles beiseite. Die Nässe kitzelt meine spitze Nase und ich muss niesen. Dann erblicke ich die Schönheit des Frühlings. Die Sonne sticht mir in die Augen und ich kneife sie schmerzhaft zusammen. Sofort wird mir warm auf meinem Rücken und um mein stark pumpendes Herz. Ich erkenne viele Blumen im Garten eines mir unbekannten Grundstücks. Die Schneeglöckchen, Krokusse, Märzenbecher und Primeln blühen teilweise bereits in voller Pracht. Die Vögel zwitschern schon am frühen Morgen ihre wunderschönen Lieder, die Sonne lacht auf die Erde nieder und die Bäume tragen ein neues grünes Blätterkleid.
Plötzlich erkenne ich einen blonden Jungen im Garten stehen. Er trägt einen blauen Schal und eine rote Mütze. Das muss der Junge aus meinem Traum sein. Bin ich etwa doch aufgewacht? Hat dieser Junge mich vor dem Verhungern gerettet?
Er lächelt mich an und freut sich scheinbar, dass es mir gut geht. Interessiert mustert er meine Bewegungen. Ich weiß nicht, ob er erkennt, dass ich nicke, aber ich will ihm meine Dankbarkeit zeigen.
„Hast du mir etwa zugenickt, kleiner Igel?", fragt der Junge.
Er hat es also erkannt. Dann kann ich mich beruhigt auf die Reise machen und die Welt erkunden. Mit meinen vier Pfoten bewege ich mich in Richtung Heimat, zu meinen Freunden und in den wunderschönen Frühling.
Ich höre in meinen Ohren die letzten Worte des kleinen Jungen, der mich traurig gehen lässt.
„Du bist tatsächlich aufgewacht. Du hast wirklich den Frühling in deinem Herzen, kleiner Igel."

Vergessen Sie den Alltag und tauchen Sie ein in die Urlaubswelt von **Norderney**... Das **Inselhotel „Vier Jahreszeiten"** bietet seinen Gästen Komfort vom Feinsten, jede Menge Freizeitspaß und ein freundliches Hotelteam, das Sie verwöhnen wird. Entspannung pur verspricht das Vier Sterne-Haus im Herzen der Nordseeinsel.

Es erwartet Sie ein kilometerlanger Sandstrand, klares Wasser, ein gesundes Klima, unendlich viel frische Luft, ein weiter Horizont, das ist **Norderney**, weites Watt, Wellenschlag, würziges Seeklima.

Heinz Strehl
Frühling

Vom Eise ist das Land befreit.
Das erste Wiesengrün zart leuchtet.
Auch der Mensch steht jetzt bereit,
und alles, was da kreucht und fleuchtet.

Warme Sonnenstrahlen wecken,
Narzissen in noch kalter Erde.
Grüne Spitzen sich nun strecken,
wohl wissend, dass es Frühling werde.

In Wald und Flur es krabbelt, sprießt,
neues Leben überall sich regt.
Der Bach jetzt wieder munter fließt.
Seine Ufer wieder neu belegt.

Die Sonne klärt den jungen Tag.
Es beginnt das große Schwärmen.
Mit ihren Strahlen sie vermag,
der Menschen Herzen zu erwärmen.

Vögel bauen nach der Reise,
ihr Nest in zart belaubter Linde.
Und es klingt der Liebe Weise.
Geschnitzte Herzen zieren Rinde.

Wärme lockert steife Glieder.
Die Natur schöpft aus dem Farbentopf.
In den Gärten blüht der Flieder.
Tausend Düfte schwirren durch den Kopf.

Keiner kann ihm widerstehen,
diesem leisen Kribbeln auf der Haut.
Und du kannst den Frühling sehen,
wie er plötzlich in dein Fenster schaut.

Helga Bauer
Im letzten Konzertweiß

Über vom Frostwind zerklüfteten Lagen
da deckt nun ein flockiges Glitzertuch tiefes
vernarbtes Gewebe vom erdigen Reich.
Und das Schneekristall sinkt in die Risse, als schlief es,
die Wundmale schließend zum Schutze. Und weich
aus dem Wolkengrau fallen die Zartsterne nieder,
sie breiten ein Schneevlies, gefaltet, aufs Eis.
Und im Flockenfall summen schon wärmende Lieder,
den Frühling empfangend, im letzten Konzertweiß
uns Farbklänge, flüsternd, aus Schneelicht zu tragen.

Julia Fürst
Immergrün

Tanzen, das heißt:
zwischen den Wipfeln wandern,
wo der Wind dich schaukelt.
Wohin er flüsternd fährt -

Auch zwischen die Stämme
des Waldes. Tag wie Nacht
finden hier ihr Licht. Und
an allem was hier bricht,
zerschlägt es nicht.

Ein Hauch sinkt
und singt von Immergrün -
auch in den Armen des
atemlosen Baumes.

GÜLDENFRÜHLING
Calista

GÜLDENFRÜHLING
der uns mit strahlend' Schwingenflüstern sanft umsäuselt,
in triefend' Himmelshonigwaben mit uns taucht.

SILBERSOMMER
der bittere Schattenschlieren ins Gefieder kräuselt,
bis unser samtig' Silberfederglanz verraucht.

SEHNSUCHTSDURST
der unsere Kehlen mit herbem Herbstmet schnüret,
der letzte Tropfen trocknet Glück, zum Greifen nah.

BERNSTEINSTARRE
wenn Bernstein unersättlich Herzenporen härtet,
der Lebensfreude Flamme des Todeshungers Fraß.

HOFFNUNGSMILCH
bis hoffnungsmilchig berstend' Brust uns stillend säuget,
und nektambrosiapraller Strahl die Seelen ätzt.

WINDROSENSODEM
wenn Liebesodem von windrosiger Erlösung zeuget,
die Hiebe der Harzkrustenkrallen honigheil benetzt.

Frühlingsschmelze
Margrit Cantieni Casutt

Eine Schneeflocke beschloss, den Frühling kennenzulernen. Den geheimnisvollen Frühling, von dem sie so viel gehört hatte, Vielversprechendes, Verlockendes. Sobald sie spürte, dass es wärmer wurde, verkroch sie sich in ein dunkles schattiges Loch hinter einem Stein, wo den ganzen Winter kein Sonnenstrahl hingekommen war, und wartete geduldig.

Im Februar verschwanden schon einzelne ihrer Kolleginnen still und leise, im März dann massenweise und schon bald sah sie um sich nur noch grünes Gras. Da wagte sie es. In der morgendlichen Kühle eines ersten Apriltages kroch sie aus ihrem Versteck, blickte um sich und staunte nicht schlecht. Blumen aller Arten schauten ihr entgegen, lila Krokusse, weiße Schneeglöckchen, gelbe und blaue Primeln und noch viele andere, die sie noch nie gesehen hatte.

‚Hallo, hallo, hallo!', rief ein Schneeglöckchen erstaunt, als sie die Flocke entdeckt hatte. Ihr Gebimmel hallte laut in den Ohren der Schneeflocke. ‚Was haben wir denn da?'

Einige der anderen Blumen hatten dies gehört und drehten sich erwartungsvoll um.

‚Ja sieh mal einer an, eine Schneeflocke!', riefen die Primeln alle durcheinander.

‚Was machst du denn hier?', brummte ein dicker Krokus.

Die Schneeflocke hielt sich im ersten Moment die Ohren zu. War das ein Lärm. Das war sie nicht gewöhnt. Doch dann atmete sie tief durch, straffte sich und antwortete mit fester Stimme: ‚Ich bin eine Schneeflocke und wollte einmal den Frühling erleben.'

‚Was hast du gesagt? Kannst du nicht lauter sprechen, ich verstehe dich nicht', rief das Schneeglöckchen resolut. Scheinbar hatte es im Blumenkreis einiges zu sagen.

Die Schneeflocke wiederholte ihr Sätzchen noch einmal so laut sie konnte. Sie wollte ja nicht unhöflich erscheinen.

‚Den Frühling willst du erleben? Das sind ja ganz neue Moden. Wozu soll das gut sein?' Das Schneeglöckchen war eindeutig der Wortführer der Blumenschar.

Die Schneeflocke war etwas überrascht, dass sie so kühl empfangen wurde, und verstand den Grund nicht ganz. ‚Nun', sagte sie zögernd, ‚bei uns haben alle so geschwärmt vom Frühling, wie schön er sei, so lebenslustig und so.' Sie war den Tränen nah.
‚Also lebenslustig, das sind wir, nicht wahr, Schwestern?'
Die Blumen pflichteten den Worten des Schneeglöckchens kopfnickend bei.
‚Na komm mal her und lass dich anschauen', forderte es die Flocke auf.
Die Schneeflocke zögerte. Doch dann wagte sie es, sich der Blume zu nähern. Schließlich hießen sie fast gleich: Schneeglöckchen, Schneeflöckchen. Das verband doch. Sie eilte die kurze Strecke zum Schneeglöckchen hinüber und ließ sich rasch im schmalen Schatten der Blume nieder.
Diese betrachtete sie schweigend, genau wie die anderen auch. Der Schneeflocke wurde es mulmig. Alles wuchs ihr über den Kopf, der Lärm, die vielen Farben, die Hektik, der unwillige Empfang.
‚Und? Wie findest du jetzt den Frühling?', fragte das Schneeglöckchen barsch.
‚Äh, schön. Vielleicht ... etwas wirr.' Die Schneeflocke zitterte trotz der Sonne, die immer wärmer wurde.
Das Schneeglöckchen dachte nach. Dann fragte sie in die Blumenrunde: ‚Was meint ihr, Schwestern? Brauchen wir im Frühling noch Schnee?'
Ein klirrendes, bimmelndes, schellendes Gelächter erhob sich.
‚Nein, nein, nein!', riefen die Primeln und Krokusse. Auch die Narzissen, die unterdessen wach geworden waren, stimmten mit ein.
‚Ja, wenn ihr meint', sagte das Schneeglöckchen und blickte auf die Schneeflocke.
‚Es tut uns leid, liebe Flocke. Aber für dich ist bei uns kein Platz. Du gehörst nicht zu uns.'
Die Blume neigte sich tief zum Boden hin, so dass ihr schützender Schatten verschwand und sich die Schneeflocke im vollen Sonnenlicht befand.
‚Nein', dachte die Schneeflocke enttäuscht und mit rasch schwindender Kraft, ‚es stimmt nicht, was meine Freundinnen gesagt haben. Der Frühling ist kein Paradies.'
Und während sie dahinschmolz, erinnerte sie sich zurück an mystische Winternächte, sanft rieselnden Schnee, im Mondlicht glitzernde Flocken, weiß zugedeckte Wiesen und Bäume und eine unendliche Ruhe.

Loslassen
Carmen Judith

Ein Traum von einem Frühlingstag. Blauer, wolkenloser Himmel. Ein feines Lüftchen ist sanft auf der Haut zu spüren. Frieden. Ein Garten voller Blüten und Frühlingsfarben. An den Apfelbäumen strahlen weiße, schon aufgeblühte Kronen und zartrosa, noch geschlossene Knospen. Auf den blaugestrichenen Holzstuhl wurde ein dekorativer Weidekorb gestellt. In ihm leuchten die Stiefmütterchen in einem kräftigen Gelb und Violett. Das Gras erstrahlt in hellem Grün. Frieden.
Sie läuft durch ihren Garten. Sie versucht, alle Bilder in sich aufzunehmen. Immer wieder bleibt sie stehen und sieht sich ganz konzentriert die Blumen, die Apfelblüten, den Himmel an. Doch glücklich scheint sie nicht zu sein. Ihr Gesichtsausdruck ist ernst. Kein Lächeln entweicht ihren Lippen. Ihre Augen sind glanzlos.
Da kommt jemand an ihrem Garten vorbei, bleibt stehen und ruft ihren Namen. Was dann passiert ist kaum vorstellbar. Sie fällt um. Hat sie sich so erschrocken, als sie die Stimme hörte? Ist sie tot? Was ist geschehen? Eine Elfe nimmt sie bei der Hand und sie fliegen durch die Zeit. Sie sieht sich in einem Alter von fünf Jahren. Zusammen mit ihrer kleinen Schwester spielt sie in einem bunten Frühlingsgarten. Auf einmal waren viele Menschen da und riefen den Namen der Schwester. Liefen aufgeregt hin und her, suchten überall nach ihr. Vergeblich. Die Schwester blieb verschwunden. Sie selbst war nur kurz ins Gartenhäuschen gelaufen, um eine Gießkanne zu holen. Nie hatte sie in ihrem Leben diesen Tag vergessen und besonders im Frühling holte sie stets dieser brennende Schmerz um die vermisste Schwester wieder ein. Nie hatte sie erfahren, was damals passiert war.
Fragend sieht sie die Elfe an. Warum zeigt sie ihr diese Szene aus der Kindheit? Warum aber gibt sie ihr keine Antworten auf die Frage nach dem Schicksal der Schwester? Frühling – sie liebt die Farben des Frühlings. Sehnt sich stets nach seinem Flair und dem Zauber des Neuanfangs. Und doch ist stets der Stachel der Trauer und Verzweiflung in ihrem Herzen. Die offenen Fragen lassen jedes Jahr die innere Wunde wieder bluten.

Wiederum nimmt die Elfe sie mit auf eine Zeitreise. Sie kommen an einem Tag an, an dem sie schon 21 Jahre alt war. Sie sieht abermals einen zauberhaften Frühlingsgarten. Ja, das war ein schöner Tag. Damals war sie mit ihrem ersten Freund spazieren gegangen und hatte zum ersten Mal einen Tag in dieser Jahreszeit unbeschwert verbracht. Im Nachhinein hatte sie stets ein schlechtes Gewissen, weil sie sich leicht und glücklich gefühlt hatte. Fragend sieht sie die Elfe an. Warum zeigt sie ihr auch diesen Tag? Sie ist müde vom ewigen Grübeln um das Wie und um das Warum. Da sagt die Elfe zu ihr: „Jeder Mensch hat im Leben eine Situation, an der er ewig zu grübeln vermag. Ein Lichtstrahl, eine Blumenblüte, ein Duft reicht aus und das Gedankenkarussell wird von Neuem angestoßen. Die Fragen nach dem Warum und dem Wieso werden vielleicht niemals gelöst. Wenn Du jedoch Vertrauen in das Leben hast, so kannst Du die Fragen loslassen. Vergessen wirst Du nichts – jedoch hast Du dann die Möglichkeit, Dich am Hier und am Jetzt zu erfreuen. Wenn Du ‚JA' sagst zu diesem wunderbar tiefen Lebensvertrauen und in die Schöpfung, dann darfst Du jetzt in Dein Leben zurückkehren."
Sie zögert. Kann sie jemals aufhören, nach dem Warum zu fragen? Sie fühlt sich schwach. Sie hat Angst nicht aufhören zu können mit dem selbstzerstörerischen Grübeln. Und doch will sie so gerne wieder den Duft der Tulpen und des frischen Grases riechen. Sie will die Frühlingssonne leuchten sehen und die Vögel am Morgen singen hören. Auf einmal spürt sie, wie sehr sie den Frühling und das Leben liebt. Sie sagt Ja. Ja, zu einem Leben in Vertrauen. Ja, zu einem Loslassen. Ja, zu einem befreiten Sein. Ein Traum von einem Frühlingstag. Blauer, wolkenloser Himmel. Ein feines Lüftchen ist sanft auf der Haut zu spüren. Frieden. Ein Garten voller Blüten und Frühlingsfarben. An den Apfelbäumen strahlen weiße, schon aufgeblühte Kronen und zartrosa, geschlossene Knospen. Auf den blaugestrichenen Holzstuhl wurde ein dekorativer Weidekorb gestellt. In ihm leuchten die Stiefmütterchen in einem kräftigen Gelb und Violett. Das Gras erstrahlt in hellem Grün. Frieden.
Sie läuft durch ihren Garten. Sie versucht, alle Bilder in sich aufzunehmen. Immer wieder bleibt sie stehen und sieht sich ganz konzentriert die Blumen, die Apfelblüten, den Himmel an. Sie sieht glücklich aus. Ihre Augen strahlen. Sie scheint die Welt mit der Schönheit des Frühlings umarmen zu wollen.

Marc Soechting
Frühling im Herzen

Für Marta

Sokrates ermahnte mich, bescheiden zu sein
Platon führte mich in die Sonne
Aristoteles sprach von Logik

Das gab mir Rat, aber wenig Vertrauen
Immerzu. Immerzu.
Dann kamst Du.

Deine Selbstlosigkeit verdarb mir das Messen
Du zeigtest mir, dass die Sonne auch wärmt
Dein Horizont bedurfte keiner Logik

Das ist Vertrauen, doch ich wollte Wissen
Immerzu. Immerzu.
Ich wollte kein Du.

Erasmus von Rotterdam bot Toleranz
genau wie Montaigne
selbst von Machiavelli ließ ich mich führen, zwecks Politik und Moral

So ungeheuer viel Wissen, aber noch keine Wahrheit
Immerzu. Immerzu.
Dann kamst Du.

Kant, der Herrscher über die Vernunft
von Hume aus dem Dogma erweckt
nun bieten die Aufklärer die Wahrheit...!

Ist es Pascal, Voltaire oder Rousseau...?
Nein, denn jetzt sehe ich Dein Du.

Deine Güte war größer als Toleranz
genau wie Dein Handeln
selbst Deine Eigenarten muss man schätzen

Ja, denn das bist Du.

Für Dein Lachen, Dein Machen, brauchst Du keine Vernunft
Deine Blumen zerstören das Dogma
Die Wahrheit bist Du, immerzu, immerzu!

Endlich gesucht und gefunden
und ich muss nicht mehr fort
denn ich fand unseren Frühling im Herzen

Judith Trapp

Da ist Hoffnung für alle meine Glieder.
Und das zarteste aller Fühltiere kriecht aus der Schale,
bricht auf in die gewebte Frühlingshülle, blütenhell und kostbar.
Umhegst du mein Herz und Haus als der Liebende und Gärtner
ohne Blick zurück?
Verteilst du frei von Vorbehalt dein Glänzen und Rauschen
über mich auf alle Seiten und oben und unten?
Ich flirre in einem der Flüge deiner Augen, ich hebe die Brust
unter deinem geatmeten „Ja".
Wir kommen langsam aus der Fremde in ein selbstgezimmertes Paradies.
Ein Vorhimmel voll Fragen. Flocken aus der Götter Hände federn um
uns unverbaut.

Anita Menger
Frühlingsträume

Weit zieht der Winter sich zurück,
es grünen Busch und Bäume.
Das Lied der Nachtigall heißt Glück
im Glanz der Frühlingsträume.

Natur uns schon erahnen lässt
was wir bald nicht mehr missen
und weisend auf das Osterfest
blüh'n leuchtendgelb Narzissen.

Alayna A. Groß
Frühling

die Zeit ist lang
die Arbeit schwer
kämpft langsam sich
durch harte Böden
in kalter Luft träumend
schlafende Bäume

die Natur ist noch erstarrt
die Welt ringsum beleben
ein zwei bunte Tupfen
aus Höhlen oder Nestern
lugt manches Tier hervor

der Tag wird länger
die Sonne wärmt
dem Frühling zu begegnen
ist es nun bald soweit
neues Leben
sucht sich Raum.

Käthe Wetzel
Wiederkehr

Ein Frühling kommt wieder -
ein neuer in deinem Leben.
er erinnert dich an vieles
und alles ist doch wieder neu!
Die Bäume sind größer,
die Sträucher auch;
die Vögel zwitschern wie ehedem,
doch sind es Kinder und Enkel der Alten
alles ist bekannt und doch wieder neu.
Du riechst die Luft, die wie Seide ist,
du fühlst dich aufgenommen in den Rhythmus des Alls,
du möchtest dich und vieles um dich erneuern
und du weißt, dass fast alles so bleibt, wie es ist.
Nur langsam, ganz langsam wirst du älter.

Heike Gewi

Selbst Regenwolken
halten an Tulpenfeldern.
Omas Strauß - patschnass.

………

Pflaumenblütenzweig –
Das Lied der Nachtigall
mit einem Echo

Bücher aus dem Elbverlag:

Tod in der Moorwanne? Oder was passierte in einer Ostsee-Kurklinik?
Ein **prickelnder Krimi** mit **beeindruckend** aufgezeigten **Charakteren**!

Bewegte Texte von **Elfie Nadolny** aus ihren Reiseerlebnissen. Tier- und Ostergeschichten herausgegeben von den **Lesepatinnen** aus Beilngries

Glücks-Anthologie mit 138 Autoren aus 8 Ländern. **Flussanthologie,** drei **Weihnachtsanthologien,** die **Blumengruß- und Meeresanthologie** sowie spannende „**Augenblicke, die berühren**" mit > 100 Autoren